Wendelin Boeheim

Album hervorragender Gegenstände

aus der Waffensammlung des allerhöchsten Kaiserhauses: herausgegeben mit Genehmigung des hohen Oberstkämmerer-Amtes seiner K.u.K. apostolischen Majestät

Wendelin Boeheim

Album hervorragender Gegenstände
aus der Waffensammlung des allerhöchsten Kaiserhauses: herausgegeben mit Genehmigung des hohen Oberstkämmerer-Amtes seiner K.u.K. apostolischen Majestät

ISBN/EAN: 9783743448650

Hergestellt in Europa, USA, Kanada, Australien, Japan

Cover: Foto ©ninafisch / pixelio.de

Weitere Bücher finden Sie auf **www.hansebooks.com**

KUNSTHISTORISCHE SAMMLUNGEN

DES

ALLERHÖCHSTEN KAISERHAUSES

WAFFEN-SAMMLUNG.

ALBUM

HERVORRAGENDER GEGENSTÄNDE

AUS DER

WAFFENSAMMLUNG

DES

ALLERHÖCHSTEN KAISERHAUSES.

HERAUSGEGEBEN MIT GENEHMIGUNG DES HOHEN OBERSTKÄMMERER-AMTES
SEINER K. U. K. APOSTOLISCHEN MAJESTÄT.

ERLÄUTERNDER TEXT VON

WENDELIN BOEHEIM

<small>CUSTOS DER WAFFENSAMMLUNG DES ALLERHÖCHSTEN KAISERHAUSES.</small>

FÜNFZIG TAFELN IN LICHTDRUCK VON J. LÖWY, K. u. K. HOFPHOTOGRAPHEN,
UND ZAHLREICHEN TEXT-ILLUSTRATIONEN.

WIEN 1894.
J. LÖWY, K. U. K. HOFPHOTOGRAPH
KUNST- UND VERLAGS-ANSTALT.

Photographische Aufnahme und Lichtdruck von J. Löwy, k. u. k. Hofphotograph, Wien.

Textdruck von Friedrich Jasper, Wien.

VORWORT.

Mit der im Jahre 1889 vollzogenen Uebersiedlung der Waffensammlung des Allerhöchsten Kaiserhauses in die Räume des kunsthistorischen Hofmuseums stand auch eine so bedeutende Bereicherung derselben in Verbindung, dass dieselbe nun mehr als das Doppelte ihres einstigen Umfanges einnimmt.

Diese namhafte Vermehrung und Erweiterung wurde hauptsächlich durch die Einbeziehung der weltberühmten Sammlung des Erzherzogs Ferdinand von Tirol erzielt, welche ursprünglich im Schlosse Ambras bei Innsbruck befindlich, 1806 aber nach Wien gelangte und seit 1814 im unteren Belvedere daselbst aufgestellt war. Weiters wurden über Allerhöchstem Befehl alle einschlägigen und zur Vervollständigung dienenden Gegenstände aus der k. k. Schatzkammer, der k. k. Hof-, Jagd- und Sattelkammer und anderen Sammlungen des kaiserlichen Besitzes der Waffensammlung übergeben.

Ein so überreicher Zuwachs, welcher die Sammlung in historischer und künstlerischer Beziehung zu noch höherer Bedeutung erhob, erforderte eine völlige Umgestaltung in der Organisation nach dem Standpunkte der heutigen Wissenschaft, um die Tausende von Gegenständen übersichtlich zu gruppiren und zu einem wohlgegliederten Ganzen zu gestalten.

Noch in ihrem alten Bestande hatte die Waffensammlung eine Vertretung in der Literatur durch ein auserlesenes Bildwerk gefunden, welches seinem speciell waffenwissenschaftlichen Gehalte nach, selbst heute noch nicht als veraltet angesehen werden kann. Es ist dies das von dem damaligen Custos Quirin Leitner mit Unterstützung des hohen Oberstkämmerer-Amtes verfasste Werk: »Die Waffensammlung des Oesterreichischen Kaiserhauses im k. k. Artillerie-Arsenal-Museum« (Wien, Martin 1866—1870). Durch seine unvergleichlich schönen radirten Blätter zählt es zu den Prachtwerken ersten Ranges. Die neu zur Waffensammlung einbezogenen Collectionen waren entweder in der Literatur vollkommen unbekannt gewesen, oder die über selbe erschienenen Publicationen, wie jene über die bestandene Ambraser Sammlung von J. Primisser (1819) und E. Freiherr von Sacken (1859) waren durch die neuen wissenschaftlichen Ergebnisse als überholt anzusehen.

Aus dieser Ursache musste es nach Vollendung der Neuaufstellung eine erste Sorge der Leitung sein, den reichen Inhalt der Waffensammlung in ihrem jetzigen Stande durch Abbildung und Beschreibung dem grösseren Publicum zur Kenntniss zu bringen und damit auch den Bedürfnissen der Fachwelt entgegenzukommen. Mit der Genehmigung und mit Unterstützung der hohen Oberleitung der kunsthistorischen Sammlungen unter Seiner Excellenz dem Herrn Oberstkämmerer Ferdinand Grafen von Trauttmansdorff wurde es ermöglicht, vorläufig eine Auswahl von circa 100 der schönsten und historisch werthvollsten Gegenstände der Sammlung in 50 Lichtdrucktafeln zu vereinen und in einem Album der Oeffentlichkeit zu übergeben.

Bei der Menge des gebotenen Materiales musste der Verfasser sich in dem beschreibenden Texte bei Vermeidung jeder Weitschweifigkeit auf die Darlegung der wissenswerthesten Daten beschränken, doch sah sich derselbe auch veranlasst, in dem gemessenen Raume ein Hauptgewicht auf die Beziehungen der vorgeführten Objecte zum Allerhöchsten Kaiserhause, zur Geschichte und zur Kunst zu legen, Beziehungen, in welchen vor allen anderen der Werth der kaiserlichen Waffensammlung zu erblicken ist. Das am Schlusse angeführte Register gibt davon zur Genüge Zeugniss, durch seine Reichhaltigkeit an Namen vom hellsten Klange in der Geschichte, wie nicht minder durch die grosse Zahl von Namen der hervorragendsten Künstler, welche theils durch ihren Einfluss, theils unmittelbar an dem Entstehen der Werke betheiligt erscheinen.

Die k. u. k. Hof-Kunstanstalt J. Löwy, welche die Ausführung der Lichtdrucktafeln, sowie den Verlag des Werkes übernommen hat, ebenso der Verfasser geben sich der Hoffnung hin, mit dieser Ausgabe den Wünschen des Publicums wie den Anforderungen der modernen Wissenschaft entsprochen zu haben.

Wien, im August 1893.

WENDELIN BOEHEIM.

Relief im Hofe des Hauses des Manegria in der Via degli Spadari in Mailand mit den Zeichen des Patrozio di Manegria.

Tafel I.

Die vorliegende Tafel gibt ein Bild der allgemeinen Anordnung der Gegenstände wie der Ausstattung der Säle in der Waffensammlung des kaiserlichen Hauses. Wir sehen hier das Innere des grossen Saales Carls V. (XXVII) mit dem Ausblick auf die anstossenden Säle XXVIII und XXIX). In der Mitte desselben sind die Prunkwaffen dieses Kaisers aufgestellt. Rings herum an den vier Pfeilern erblickt man die Harnische und Waffen seiner Feldherrn, und an den Wänden entlang die Harnische seiner Gegner und Zeitgenossen. Dieser Anordnung entsprechend ist auch der Plafond des Saales ausgestattet. In dem mittleren Travée zeigt sich der römische Kaiseradler gemalt, umgeben von den Insignien des Vliessordens und den älteren Devisen desselben: »Je l'ay empris« und »Avtre n'avray«. In den anderen acht Travées die correct gemalten heraldischen Zeichen jener Königreiche und Länder, welche unter dem Scepter Carls V. gestanden sind. Die Pilaster sind mit natürlichem und künstlichem Marmor, die Gurten und Hauptgesimse wie die Thürbekleidungen mit Marmor und reichen Vergoldungen ausgestattet.

Tafel II.

1. Ganzer Reiterharnisch des Erzherzogs Sigismund von Tirol. Derselbe ist blank, leicht gekehlt, mit messingenen Rändern besetzt, welche einen hübschen Fries aus Lilien darstellen und an den Fugenrändern, den sogenannten »Fürfeilen« in gothisirendem Ornament mit zarter Zeichnung ausgeschnitten sind. Das Haupt schützt eine deutsche Schallern, wie solche um die Mitte des XV. Jahrhunderts durch Zurechtbiegung aus dem Eisenhut entstand, die Oberschenkelschienen (Diechlinge) reichen hoch in die Leisten hinauf und sind mehrfach zierlich geschoben. Die Eisenschuhe laufen in lange Schnäbel aus. Der Harnisch in seiner ganzen Erscheinung ist als das vollendetste, eleganteste und ebenmässigste Kriegskleid zu bezeichnen. Seine Fertigung fällt in die Blüthezeit der Waffenschmiedekunst. Einzelne Theile, wie die Eisenhandschuhe, sehen sich wie aus Spitzen gefertigt an.

Der Harnisch, etwa um 1470 gefertigt, ist von deutscher, vermuthlich Nürnberger Arbeit; wiewohl derselbe kein Zeichen eines Meisters an sich trägt, dürfte er doch aus der Werkstätte des Hans Grünewalt (circa 1440 bis 1503) hervorgegangen sein.

Unwillkürlich erinnert man sich beim Anblicke dieses Harnisches an einige der werthvollsten Stichblätter Albrecht Dürer's, so an den St. Georg mit dem Drachen (B. 53) und an das famose Blatt: Ritter, Tod und Teufel (B. 98). Auf der colorirten Zeichnung des Ritters zu Pferde von 1498 in der Albertina, in der die Rüstung den gleichen Typus zeigt, steht von Dürer's Hand: »Das ist die rüstung zu der zeit in deutschland gewest.«

Im Inventar des Nachlasses des Erzherzogs Ferdinand von Tirol, von 1596, aus welchem der Harnisch stammt, ist derselbe bezeichnet: »Ain ganze weisse rüstung mit ausgehauen durchsichtigen (sic!) messing.«

Erzherzog Sigismund von Tirol, der einstige Eigenthümer dieses herrlichen Harnisches, ist wohl zu bekannt, um seine Lebensverhältnisse hier näher schildern zu müssen. Er ist der Sohn des Herzogs Friedrich mit der leeren Tasche und wurde 1427 geboren. Als Herrscher Tirols adoptirte er seinen Vetter Maximilian I. und starb als der letzte Sprosse der leopoldinisch-tirol'schen Linie am 4. März 1496.

2. Feldharnisch Friedrich des Siegreichen, Pfalzgrafen am Rhein. Derselbe ist blank, sonst ohne jede Verzierung, und zählt doch zu den werthvollsten und seltensten Schutzwaffen, welche noch erhalten geblieben sind. Wir sehen in ihm den Typus eines Mailänder Harnisches von ungefähr 1450. Der kugelförmige Helm, von der Form, welche die Franzosen Bicoquet nennen, der mit seinen eingezogenen Wänden auf der gleichfalls kugelförmigen Brust aufsitzt, ist darauf berechnet, den Kopf des Trägers vorzugsweise gegen Speerstösse und gegen Hiebe der Kürissbengel zu schützen. Charakteristisch ist die Versicherung des Unterleibes durch die Bauchreifen und mit vorne wie rückwärts an selbe gehängten ziegelförmigen Beintaschen. Arm- und Beinzeug ist noch wenig ausgebildet und bedarf noch vielen Riemenwerks zur Befestigung. Die Eisenschuhe mit den bizarren 34 Centimeter langen Schnäbeln folgen nicht lediglich der Mode der Zeit, sie hatten auch den praktischen Zweck, bei der Ungelenkheit der Beine diese sicher in den Steigbügeln zu erhalten.

Ganz gegen die gleichzeitige Handwerksgewohnheit ist dieser uns vollständig erhaltene Harnisch an zahlreichen Stellen mit eingeschlagenen Marken bezeichnet, aus welchen wir mit der vollsten Sicherheit entnehmen, dass derselbe aus der einst weltberühmten Werkstätte der Missaglia in Mailand hervorgegangen ist.

Wiewohl der Gründer dieser grossartigen Plattnerei, Petrolo, damals längst verstorben war, so sind doch noch seine Marken, wie wir in der beifolgenden Figur in *a, b, d* und *h* ersehen, von seinem Sohne und Nachfolger, Tomaso, beibehalten worden. Den Chiffren nach zu urtheilen ist auch dessen Enkel Antonio in jüngeren Jahren an der Fertigung mitbetheiligt gewesen (*e* und *f*).

Die Missaglia führten diesen Namen von dem Orte der Herkunft des Petrolo, einem Städtchen in der Brianza; ihr eigentlicher Familienname ist aber Nigroli. Petrolo starb um 1400, Tomaso um 1468. Antonio lebte noch 1492. Damit sind die Meister des Werkes sichergestellt.[1]

Friedrich der Siegreiche, der Eigenthümer des Harnisches, ist der Sohn Ludwig des Bärtigen und wurde 1425 geboren. Seit 1449 Kurfürst, war er eine hervorragende Heldengestalt in der unseligen bayerisch-brandenburgischen Fehde 1450—1462 und wurde, seiner trotzigen Gemüthsart wegen, »der böse Fritz« genannt. Er starb 1476.

Der Harnisch, aus Schloss Ambras herrührend, findet sich in den ältesten Inventaren der Waffensammlung von 1583 und 1596 noch nicht, doch ist er in Jakob von Schrenck's grossem Kupferstichwerke »Armamentarium heroicum« etc. (begonnen 1582, herausgegeben 1601) Fol. XX genau abgebildet.

Tafel III.

1. **Reiterharnisch des Königs[2] Maximilian I.** Dieser Harnisch ist in seiner Zier ganz ähnlich wie der des Erzherzogs Sigismund auf Tafel II, 1, gehalten. Auch sonst sollte er einen gothischen Reiterharnisch

darstellen, aber mit Neuerungen, welche es klar beweisen, welchen wesentlichen Einfluss Maximilian I. auf die Umwandlung der Harnischtracht in der Renaissanceperiode genommen hat. Der Helm stellt äusserlich noch eine deutsche Schallern dar und ist doch in seiner Construction bereits ein burgundischer Helm, der im kragen umbgeet. Statt des Bartes bildet sich ein Kinnreff. Die Achselstücke sind vielfach trichterförmig geschoben, eine Form, die der König bald wieder aufgab. Das Armzeug ist in den Beugen durch Folgen geschlossen. Sehr elegant ist die dreimal geschiftete Brust geschnitten. Wir sehen an ihr bereits Baueheisen und an diesen ziegelförmige Beintaschen. Die Form des Beinzeuges ist noch die ältere. Die Ansteckschuhe laufen in Schnäbel aus und besitzen Vorrichtungen zum Anheften noch längerer Schnäbel.

Auf den Muscheln des Beinzeuges finden sich die hier wiedergegebenen Marken:

Das rechtsstehende ist das Zeichen der behördlichen Beschau von Augsburg, der sogenannte »Stadtpyr« (Pinienapfel), das linksstehende ist die Marke des Meisters Lorenz Colman, genannt Helmschmied.

Dieser berühmte Waffenschmied ist um 1445 als der Sohn des Plattners Georg geboren; er wird 1491 kaiserlicher Hofplattner und arbeitet viel für Kaiser Friedrich III. und Maximilian I. Von ihm ist zweifellos der prachtige Harnisch gefertigt, in welchem gekleidet Maximilian I. zu Pferde sitzend auf dem berühmten Holzschnittblatte von Hans Burgkmair (1508) dargestellt ist.[1] Lorenz starb 1515.

Seiner Form nach dürfte der Harnisch 1493 gefertigt sein, seine Höhe beträgt 1·602 Meter. Der Harnisch stammt aus dem Besitze des Erzherzogs Ferdinand von Tirol und wird bereits in dem Inventar von 1596 erwähnt.[2]

Der ursprüngliche Eigenthümer steht so hochbedeutsam in der Geschichte da, dass wir einer Angabe von biographischen Daten über selben wohl überhoben sind.

2. **Prunkharnisch angeblich des Königs Philipp I. von Castilien.** Dieser prachtvolle Harnisch ahmt sehr glücklich das Costüm der Zeit von etwa 1506 nach. Der burgundische Helm ist mit Blumen und Granatäpfeln geziert. Die Achseln und Armzeuge haben die Form von gepufften Aermeln und sind theils in gestempelter Arbeit geziert, theils geätzt und vergoldet. Brust und Rücken sind mit Streifen ausgestattet, welche mit violettem Sammt überzogen und mit durchbrochenen

---

[1] Borheim Wendelin. Werke Mailänder Waffenschmiede in den kaiserlichen Sammlungen. Jahrbuch der kunsthistorischen Sammlungen des Allerhöchsten Kaiserhauses Bd. IX
[2] Maximilian I. führte erst von 1508 an den Titel römischer Kaiser.

[1] Bartsch, 32, nach dem zweiten Abdrucke von 1518, der erste von 1508 war Bartsch nicht bekannt.
[2] Boeheim Wendelin, Augsburger Waffenschmiede etc. Jahrbuch der kunsthistorischen Sammlungen. Bd. XII und XIII. Nachträge Bd. XIV.

vergoldeten Silberplatten belegt sind, in welchen die Embleme des Vliessordens dargestellt erscheinen. Um den Hals herum läuft die Colane dieses Ordens. Um den burgundischen Leibrock vollends darzustellen, ist an der Brust ein bis an die Knice reichender Schooss, der »Schurz«, befestigt. Derselbe ist in regelmässige Falten getrieben, jede zweite derselben besitzt wieder ähnliche durchbrochene Auflagen auf Sammt, wie auf der Brust und dem Rücken. Die dazwischen liegenden waren einst mit Stoff belegt und der ganze Schurz mit Bändern geziert, wie die rings herum angeordneten Spalten noch erkennen lassen. Der Schurz ist vorne und rückwärts ausgeschnitten, um den Harnisch zu Pferde benützen zu können. Das Beinzeug ist geätzt und vergoldet. Die Oberschenkelschienen (Diechlinge) zeigen die verbaute Tracht der Landsknechtszeit in mi-parti. Die Schuhe sind breit und stumpfabschliessend. Der Harnisch besitzt eine Höhe von 1·50 Meter, ist also in seinen Dimensionen nur für einen etwa sechsjährigen Knaben berechnet.

Der Meister dieses herrlichen Harnisches ist unbekannt. Die Arbeit deutet auf niederländische Provenienz, etwa des Francis Scroo zu Brüssel, den Hofplattners Maximilian I.

Dass dieser Harnisch König Philipp I. zugehört hatte, beruht nur auf Tradition.[1]) In den älteren Inventaren ist seiner nirgends erwähnt. Seine Formen stimmen nicht zu den Lebensdaten dieses Königs, der 1478 geboren und 1506 gestorben ist. Viel eher, ja genau würde dessen Form und Alter zu dem späteren Kaiser Carl V. stimmen, der 1500 geboren, zur Zeit der Fertigung wirklich sechs Jahre zählte und auch seit 19. Jänner 1501 den Orden des goldenen Vliesses besass, nicht aber zu Philipp I., der 1506 im Alter von 28 Jahren aus der Welt schied.

Tafel IV.

1. Prunkharnisch des Königs Ludwig II. von Ungarn. Derselbe ist blank gehalten, reich mit geätzten Verzierungen ausgestattet, in welchen kleine Schlitze in Quadraten angeordnet dargestellt sind, deren Mitte Rosetten im Vierpass enthalten. Dieses Motiv ist an allen Theilen des Harnisches gleichartig durchgeführt. Der burgundische Helm besitzt unterhalb des einen noch ein zweites gitterformiges Visir. Die Brust trägt am Oberrande eine Bordüre und darin eine gekrönte und geflügelte Jungfrau,[2]) in der Mitte der Brust und an mehreren anderen Stellen des Harnisches erblickt man das ineinander verschlungene Monogramm S E. Das Beinzeug besitzt Stumpffüsse.

[1]) Sacken, Dr. E. Freiherr von. Die k. k. Ambraser Sammlung. Wien 1859.
[2]) Leitner Quirin. Die Waffensammlung des Oesterreichischen Kaiserhauses.

Der Harnisch, seinen Formen nach etwa 1515 geschlagen, ist nur einem Knabenharnische vergleichbar, seine Höhe beträgt nur 1·57 Meter und sein Gewicht nur 12·85 Kilogramm; er entspricht jedoch der bekannten überaus schwächlichen Constitution dieses Königs. Ludwig II. hatte stets deutsche Kleider getragen; es stimmt das auch mit der allgemeinen Form, endlich wird ihm der Harnisch schon in den ältesten Inventaren des Wiener Zeughauses, aus welchem er stammt, zugeschrieben.[2]) Das Monogramm deutet vermuthlich auf die heilige Elisabeth, die Tochter des Königs Andreas von Ungarn, Landgräfin von Thüringen, welche zu den Schutzheiligen Ungarns zählt. Bei Gelegenheit der Festlichkeiten anlässlich der Heirat Ludwig II. zu Wien 1515 beschenkte Kaiser Maximilian I. den jungen Bräutigam »mit einem geligerten ross und über das mit einem goldgeätzten köstlichen küriss, nach der ebenmass seines leibs« (sic!). Diesen »küriss« dürften wir wohl hier vor uns haben.[2])

Der Harnisch besitzt keine Marke eines Meisters, ist aber bestimmt von deutscher, wahrscheinlich Nürnberger Arbeit.

Ludwig II., der Sohn Königs Wladislav IV., ist 1478 geboren und fiel in der Schlacht bei Mohacs am 29. August 1526.

2. Ganzer Harnisch für den Erzherzog Carl, später Kaiser Carl V., begonnen und unausgefertigt geblieben. Dieser Harnisch mit getriebenen Pfeifen, Schlitzen und Puffen, die sogenannte »verhaute Tracht« der Landsknechte« wiedergebend, ist, vom kunsttechnischen Gesichtspunkte aus betrachtet, insoferne von hohem Interesse, als er unvollendet, nur hammerfertig gediehen, gewissermassen einen Prunkharnisch im Werden darstellt. Wir sehen, da er noch unpolirt und blos vorläufig zusammengestellt ist, jeden Hammerschlag und jede Spur des Treibmeissels und vermögen der mühevollen Arbeit des Plattners genau zu folgen. Der Harnisch, für einen elfjährigen Knaben berechnet, datirt und stimmt auch in der Form mit der Harnischtracht von 1512, er ist mit Ausnahme des Visirs, das vielleicht nie begonnen wurde, vollständig.

Ueber sein Entstehen sind wir ziemlich genau unterrichtet.[3]) Schon im Juli 1511 befahl Kaiser Maximilian der Innsbrucker Regierung, sie möge »seinem lieben sohn (sic!) Erzherzog Carl« durch den Plattner Hans Payr in der Silbergasse »einen ganzen küriss« schlagen lassen. Dieser Auftrag blieb, vermuthlich weil Payr dazu nicht Zeit fand, unausgeführt. Im Jänner 1512 erhielt die Kammer in Innsbruck den kaiserlichen Befehl,

[1]) Wenzel G. Monumenta Hungariae historica. Script. I. De morte Ludovici regis.
[2]) Fugger Joh. Jac. Spiegel der Ehren etc. Nürnberg 1664, Cap XVII, pag 1335.
[3]) Nach handschriftlichen Aufzeichnungen des kaiserlichen Rathes Dr. David von Schönherr aus Quellen im Statthalterei-Archive zu Innsbruck.

dem Hofplattner Konrad Seusenhofer »Herzog Carl's hosen und joppen« zu geben, damit er darnach einen »küriss« machen könne.

Ungeachtet Seusenhofer überaus in Anspruch genommen war, begann er die Arbeit, ja er erhielt auch einige Vorbezahlung; aber die Ausfertigung verzögerte sich dennoch und umsomehr, als die Ausrierung derselben in Gold und Silber in Augsburg hätte erfolgen sollen. In dieser Zeit von 1511 bis 1513 aber war der Prinz über seinen in Arbeit befindlichen Harnisch völlig hinausgewachsen, so dass die Vollendung unterbleiben musste. In dem ältesten Inventare vom Schloss Ambras in Tirol, woher der Harnisch stammt, heisst es über selben: »Kaiser Carolus etc. weil ihre majestät noch ein junger herr gewesen ist. Ein unausgemachts harnasch etc.«

Wie wir vorhin bemerkten, ist Carl V. 1500 geboren.

Tafel V.

Schwerer Rossharnisch des Kaisers Maximilian I.

Dieses vollständige »Rossgelieger« ist von ausgezeichneter Ausführung. Der Rosskopf ist geätzt und vergoldet und ist auf selbem der römische Kaiseradler dargestellt. Das Stirnschildchen ist mit dem Wappen von Neu-Oesterreich und Burgund bemalt. Der Halspanzer »Kanz« genannt, besteht aus untereinander durch Panzerzeug verbundenen Schienen, auf welchen das Andreaskreuz geätzt erscheint. Die Zügelbleche sind gebläut und sind auf ihnen in Weissätzung die Wappen von Istrien, der windischen Mark, Steiermark, Pfirdt, Oesterreich ober und unter der Enns, Kärnten, Tirol, Portenau, Elsass, Burgau und Kyburg dargestellt. In dem Brustzeuge, »Fürbug« genannt, ist ein Engel in getriebener Arbeit ersichtlich, der den Bindenschild in den Händen hält. Die Bedeckung der Croupe, das »Gelieger« im engeren Sinne, besteht aus Schienen, an welchen die Taschen bildend beiderseits gekrönte Doppeladler mit dem Bindenschild im Herz herabhängen. Rückwärts endet derselbe in einen Drachenkopf zur Aufnahme des Rossschweifes. Der Sattel, ein sogenannter »Krippensattel«, ist am Vorderstege mit Kupfer belegt, auf welchem ein Löwenkopf ersichtlich ist. Die Polsterung ist mit gepresstem Leder überzogen. Der Rossharnisch trägt nirgends die Marke eines Meisters, doch deuten manche Einzelheiten darauf, dass derselbe Nürnberger Arbeit um etwa 1508 ist.

Tafel VI.

1. Sogenannter Normanischer Helm aus dem Anfange des XII. Jahrhunderts mit in die Spitze getriebenem Scheitelstücke, an welchem noch die Löcher für das zugehörige Panzerzeug erkennbar sind, und festem Naseneisen. Die Form findet sich im Oriente wie in unseren Ländern bereits im X. Jahrhundert. Deutlich erblicken wir derlei Helme in der berühmten Tapete von Bayeux dargestellt. Das Exemplar wurde in Mähren in einem Grabe aufgefunden.

2. **Hundsgugel.** Die Hauptform derselben stellt sich als eine Weiterbildung der Beckenhaube dar. Am Unterrande erblickt man noch die Löcher für das den Hals schützende Panzerzeug. Den Unterrand entlang finden sich noch weiters Spuren eines gehauenen Ornamentes im gothischen Stile. Das Charakteristische an der Helmform ist das spitz vorgetriebene absteckbare Visir, das einer Hundsschnauze ähnlich sieht. Die Augenspalten sind kantig aufgetrieben, der Untertheil, um das Athmen zu erleichtern, vielfach durchlocht.

Die Hundsgugel ist die allgemeine Kopfbedeckung der gemeinen Spiessknechte im XIV. Jahrhundert im westlichen Deutschland gewesen, woher selbe auch den Namen »Gugler« erhielten. Bekannt ist der Guglerkrieg 1375, in welchem Ingram von Coinzi mit 16.000 mit derlei Beckenhauben ausgerüsteten Knechten (Guglern) die althabsburgischen Erbgüter zu Aargau angriff. Das Exemplar führt den nebenstehenden Helmschmiedstempel:

3. **Hundsgugel**, ähnlich der vorbeschriebenen, nur ist das vorgetriebene Visir unterhalb der Augenspalten dicht durchlocht. Dieselbe ist unverziert und trägt keine Meistermarke.

4. **Helm des Georg Castriota, Fürsten von Albanien, genannt Skanderbeg.** Die Form dieses Helmes ist jene der älteren Beckenhauben, welche auf der Stirne aufsitzen, nur ist der Obertheil mehr abgerundet. Der am Unterrande angenietete Lederstreif ist spätere Zugabe. Auf dem Scheitel ist ein Ziegenkopf mit Hörnern aus Kupfer getrieben aufgesetzt, welcher vergoldet ist. Das Scheitelstück umgibt ein breites Band aus Kupferblech mit vergoldeten Rosetten, in deren Zwischenräumen eingravirt, paarweise geordnet die folgenden Buchstaben in spätgothischer Minuskelschrift zu lesen sind:

in · pe · ra · to · re · ḃt

Der Text dieser Chiffren scheint lateinisch, die Paarung derselben führt bei näherer Untersuchung zu der Annahme, dass damit eine Art Waffensegen ausgedrückt ist. Einzelne Paare weisen fast unmittelbar auf die Titel dieses Fürsten hin. Wir dürften nicht weit irren, wenn wir den Schutzzeichen folgenden Text unterlegen:

ihesus[1]) · nazarenus · pincipi · emachiae · regi · albaniae · terrori · oṡmanorum · regi · epiri · benedicat

---

[1]) Castriota pflegte jede seiner Schriften mit dem Namen Christi zu beginnen. Vergleiche Barletius, Geschichte Skanderbergs, ferner Paganel, Geschichte Skanderbegs.

— 5 —

Die Arbeit ist nicht orientalisch, doch orientalisirend und dürfte venetianischer Herkunft sein.

Georg Castriota ist 1406 geboren und war in seiner Jugend in türkischen Diensten, befreite sich jedoch durch einen Handstreich und trat sein väterliches Erbe im Epirus an, welches er in vielen Kämpfen glücklich gegen die Türken vertheidigte. Er starb unbezwungen 1466.

5. **Deutsche Schallern.** Diese Kopfbedeckung entstand aus dem Eisenhute des XIII. Jahrhunderts. Sie kennzeichnet sich durch die tief in den Nacken reichende Krämpe. Das vorliegende Exemplar stammt aus der Mitte des XV. Jahrhunderts.

6. **Geschlossener Helm.** Derselbe erweist durch seine Riffelungen seine Zugehörigkeit zu einem Maximiliansharnische. Aber auch durch seine Zusammenstellung erkennt man in ihm eines der mannigfachen Versuche des Kaisers Maximilian I. zur Verbesserung der Harnischtracht. Das Object stammt auch aus dem Schlosse Ambras, wohin alle in Innsbruck von dem Kaiser hinterlassenen Waffenstücke gebracht wurden. In den Details ersieht man, wie das Kinnreff noch nicht mit dem Scheitelstücke in Verbindung gebracht werden konnte. Das Visir ist mit dem Stirnstulp aus einem Stücke und in dem abschlächtigen Visir erblickt man noch Reminiscenzen an die alte Form der »fürfallenden« Barte. Das Exemplar ist von hohem Werthe für die Geschichte der Entwicklung der Helmform. Um 1500.

Tafel VII.

1. **Schwert zu anderthalb Hand** aus dem Besitze des Königs Maximilian I. Der Knauf von vergoldetem Messing ist vierkantig, beiderseits mit medaillonartigen Vertiefungen. Auf der einen Seite erblickt man ein emaillirtes Silberplättchen mit einem quadrirten Wappen, welches die Blasons folgender Nürnberger Geschlechter als: der Spalten, der Weker, der Stromer und der Amon enthält, auf der andern Seite ein gepresstes Silberplättchen mit dem Gotteslamme wie im Wappen von Brixen. Beide sind viel spätere Zuthaten. Die Vermuthung, dass in einer dieser Vertiefungen ehemals das berühmte Goldplättchen mit der Darstellung Christi am Kreuze, bekannt unter dem Namen »der Degenknopf Albrecht Dürers« eingefügt gewesen war, beruht auf einer Irrung.[1]) Griff und Parirstangen sind mit Hornplatten belegt. Interessant ist das beigegebene originale Schutzleder, die »Tasche«. Die flache breite Klinge aus dem Anfange des XIV. Jahrhunderts mit der italienischen Marke 𝕽 wurde später mit Goldschmelz in Rothschimmer geziert, und mit selbem an einer Seite der Tiroler Adler auf der anderen den Bindenschild dargestellt. Später, etwa 1496, wurde aus ersterem mit Oelfarbe durch Uebermalen ein römischer Königsadler gebildet. Die Scheide (1 a) aus gepresstem Leder besitzt Spangenbeschläge von vergoldetem Messing. An selber findet sich noch ein Theil des Schwertgürtels. Um 1450.

Der Umstand, dass sich auf der Klinge der Tiroler Adler zeigt, lässt das Schwert als ursprünglich Erzherzog Sigismund gehörig vermuthen. König Maximilian scheint erst nach dessen Ableben, 1496, in den Besitz dieser Waffe gekommen zu sein, darauf deutet die Uebermalung.

2. **Kurzes Schwert.** Bemerkenswerth ist der Griff, dessen eiserner und vergoldeter Knauf orientalisirt und aus zwei getheilten Lappen besteht. Die Handhabe ist ein Stück eines »Ainghürns« des fabelhaften Einhorns, eigentlich ein Stück des Schnabels eines Rohrfisches (Xiphias). Die Parirstangen stellen einen Drachen dar. Noch mehr Aufmerksamkeit verdient die breite spitz zulaufende Klinge durch ihre Auszierung. Man erblickt nämlich auf jeder Seite ein Wappen mit einem Kreuz im Felde, dann beiderseits vertheilt in lateinischen Majuskeln die Inschrift: »COLOMANVS · EPS· und »REX · HVNGARIE«. Die Darstellung besteht in vergoldeter Aetzung, kann also kaum vor 1500 gefertigt sein; sie beweist aber, dass man die Klinge selbst schon damals für so alt gehalten hat, um sie dem genannten Könige, der 1095 bis 1114 regierte, zuzuschreiben. Alter des Griffes etwa 1505; er ist vermuthlich Venetianer Arbeit.

3. **Schwert, dessen Klinge dem König Mathias Corvinus** von Ungarn angehörte. Der schwere vergoldete Griff ist hier von keiner Bedeutung; er datirt aus dem XVII. Jahrhundert und ist erst in weit späterer Zeit mit der Klinge in Verbindung gekommen.

Historisch werthvoll ist nur die breite zweischneidige Klinge. Auf den beiden Seiten liest man in lateinischen Majuskeln die gravirte und vergoldete Inschrift, und zwar vorne: »MATIAS · CORVINVS · REX · VNGARIAE«, rückwärts: »PRO · REGE · DIVINA · LEGE · ET · GREGE«.[2]) Die Klinge ist italienisch.

Die Echtheit dieser Klinge wurde, vermuthlich durch den jüngeren Griff irregeleitet, zuweilen bezweifelt. Sie erweist sich aber durch ein Schreiben Königs Maximilian I. an Erzherzog Sigismund von Tirol, Linz, 16. Jänner 1491, worin jener bemerkt, er schicke ihm hier ein Schwert des Königs Mathias Corvinus und

---

[1]) Boeheim Wendelin. Das Schwert Maximilians I. und der Degenknopf Albrecht Dürer's. Repertorium f. Kunstwissenschaft. Bd. III, 1880, pag. 276.

[2]) Zöller in seinem Itin. Germ. pag. 331 bemerkt, dass der König dieses Schwert geführt habe. »als die Böhmen vor Wien lagen« (?).

werde ihm auch eine Kanone von selbem senden.[1]) Das Schwert stammt in der That aus Innsbruck.

4. **Schwert** mit vergoldetem Griffe. Der letztere mit noch gothisirenden Details ist eine Arbeit des XVI. Jahrhunderts. Die schöne, alte und fast unversehrte Klinge gehört dem XIV. Jahrhundert an. Sie führt einige in Messing eingelegte Marken, so ein Kleeblatt, den »Passauer Wolf«, endlich die Buchstaben INRI. Der Meister zeichnet sich: »I«.

Tafel VIII.

1. **Ungarische Tartsche** von blankem Eisen mit ornamentalen Verzierungen und figuralen Darstellungen in Schwarzätzung. Der Schildbuckel von Messing stellt die Sonne vor, von welcher in Aetzung dargestellte Strahlen und Flammen radial auslaufen. Der gekehlte Rand ist mit Arabesken geziert. Im Felde läuft dem Rand entlang ein stilisirter Wolkendessin; in den vier Ecken sind die Winde als blasende Kinderköpfe dargestellt. Am Unterrande erblickt man den einen Pfeil abschiessenden Tod na nackte Figur auf einem dürren Klepper reitend; eine Composition von meisterhafter Darstellung, die sehr an das berühmte Blatt 4 der Apokalypse Albrecht Dürer's von 1498, »die apokalyptischen Reiter« erinnert. Auch unsere Darstellung von etwa 1490 datirend, kann die fränkische Schule nicht verleugnen.

2. **Ungarische Tartsche.** Dieselbe ist ein Erzeugniss mittelalterlichen Schilterhandwerks, von Holz mit Pergament überzogen, verstäbert und bemalt. Die Hauptform entspricht jener der im späteren Mittelalter in Aufnahme gekommenen türkischen Schilde, welche im XVI. Jahrhundert wieder verschwanden. Die Bemalung ist sehr einfach und in Art eines Holzschnittes in Strichmanier durchgeführt. Ringsherum läuft ein gothisirendes Wolkenornament. In der Mitte ist eine Jungfrau, zwischen Blumen sitzend, dargestellt. Sie hält ein Schriftband in der Rechten mit der Inschrift in Fracturminuskeln: »ſ · w · t · m · · · t · f · m«, d. h.: Ich wart im garten. Der Stil steht der österreichischen Schule nicht ferne. Wir dürften mit diesem Schilde ein Ausrüstungsstück der ungarischen Garde Maximilian I. als König von Ungarn vor uns haben, die in einzelnen Repräsentanten wir wiederholt im »Theuerdank« erblicken. Deutsche Arbeit um 1490.

3. **Sattel** aus dem Besitze des römischen Königs Wenzel I. Derselbe besteht aus Holz, der Vordersteg läuft oberhalb in zwei Schneeken aus, von welchen eine leider weggebrochen ist. Auf der erhaltenen liest man die Inschrift in Elfenbein: »bil · es · got · ych · helf · dir

· g · · · · (aus der Noth). Der Sitz ist mit Ellenbein belegt und damit in sehr flachem Relief eine fliegende Draperie dargestellt. Alle übrigen Theile sind mit Figuren in Elfenbein belegt. Die Motive sind theils Allegorien, theils sind sie Gestalten aus der romantischen Poesie des späten Mittelalters, andere, wie der sein Junges anhauchende Löwe, sind wieder dem Physiologus entnommen. Vorne an der Gabelung findet sich, auf einem Herz aufsitzend, der Buchstabe r in Elfenbein eingelegt, genau so, wie er zu mehreren Malen in der Bibel dieses Königs erscheint.[1]) Dieser Buchstabe e, sowohl, auf des Königs zweite Gemahlin Sophia (Euphemia) deutend, als auch das Auftreten der sogenannten »Isademagd« unter den Darstellungen, lassen keinen Zweifel über den ursprünglichen Eigenthümer übrig. Ueberdies finden sich auch zwischen den Gestalten der römische Königsadler. Der Grund ist kobaltblau bemalt, eine spätere rohe Zuthat.

Wenzel ist 1361 geboren. Als römischer König Nachfolger Kaiser Carls IV., er starb 1419. Wenzel war bekanntlich zu Wien in der Gefangenschaft gehalten, aus welcher er 1403 entfloh. Es liegt die Vermuthung nahe, diesen Sattel als zu den Gegenständen zählend anzunehmen, welche derselbe bei seiner Flucht aus dem Praghause am Kienmarkt zurückgelassen hatte.

Tafel IX.

1. **Prunkharnisch des Grafen Eitel Friedrich von Zollern.** Derselbe ist blank, mit schmalen gekehlten Strichen, welche mit reichen Verzierungen von zarter Zeichnung in Goldschmelz geziert sind. Der Harnisch zeigt noch ältere Formen. Burgundischer Helm, Kugelbrust, halbe Ellenbogenmuscheln und schwere Eisenschuhe (Ochsenmäuler). Die vielen Ornamente mit eingestreuten Figuren weisen sehr nahe auf Israhel van Meckenem. Um den Oberrand des Bruststückes ist in Goldschmelz die Colane des Vliessordens dargestellt.

Wenn Israhel van Meckenem wirklich die Ausrirung dieses schönen Harnisches fertigte, was sehr wahrscheinlich ist, dann ist dieser nicht später als 1503 vollendet worden, in welchem Jahre am 15. März Israhel gestorben ist, er ist aber auch nicht älter als von 1501 anzunehmen, weil Eitel Friedrich den Vliessorden erst am 19. Jänner dieses Jahres erhielt.

Der Harnisch trägt keine Marke an sich, ist aber zweifelsohne Nürnberger Arbeit.

Eitel Friedrich war Maximilians I. Oberstholmeister und 1495 der erste Präsident des neugeschaffenen Reichskammergerichtes; er starb 1512.

2. **Turnierharnisch des Grafen Andreas von Sonnenberg.** Derselbe ist blank mit schmalen gekehlten und in Gold geschmelzten Kändern, von meisterhafter

---

[1]) Chmel. Oest. Geschichtsforscher. I 336.

[1]) Schlosser Dr. Julius. Die Bilderhandschriften des Königs Wenzel I. Jahrb. d. kunsthistorischen Sammlungen, XIV. Band.

Ausführung. Burgundischer Helm, Kugelbrust, Achseln mit Brechrändern. Geschlossene Armbeugen. Augeschobene Beintaschen, breite Eisenschuhe mit Kehlungen. Auf der Brust finden sich noch Spuren von Heiligendarstellungen in Goldschmelz (eine St. Barbara); auf dem Rücken ist in gleicher Technik die heilige Maria dargestellt.

Auf einem Wechselstücke dieses schönen Harnisches finden sich zwei Marken.

Die erstere ist die Beschaumarke von Augsburg, letztere gehört dem berühmten Waffenschmied Koloman Colman, genannt Helmschmied, an.

Koloman ist 1471 als der Sohn des kaiserlichen Harnischmeisters Lorenz zu Augsburg geboren. Er arbeitete viel für den kaiserlichen wie für den Mantuanischen Hof und starb 1532.[1]

Andreas Graf von Sonnenberg und Friedberg, Erbtruchsess von Waldburg war Rath des Erzherzogs Sigismund von Tirol und zeichnete sich in vielen Gefechten in den Niederlanden und in Ungarn aus. Er wurde 1511 von Felix von Werdenberg ermordet.

Tafel X.

1. **Geschlossener Helm und Rundschild des Connetable Charles von Bourbon.** Der Helm ist blank mit gravirten und vergoldeten ornamentirten Strichen und figuralen Darstellungen: wie Nessus und Dejanira, Samson, die Planeten und Jagdscenen. Die Ausführung der Gravirungen ist handwerksmässig. An mehreren Stellen liest man die Inschrift: AIMA·RESPET·AL·TVO·HONORE. Der Rundschild (1. a) von ähnlicher Ausstattung zeigt in der Mitte einen Stern, von welchem acht Strahlen auslaufen. In den breiten Randstreifen folgen sich abwechselnd ein bekröntes Jerusalemkreuz und ein K.

Beide Stücke stammen aus dem Besitze des Erzherzogs Ferdinand von Tirol und wurden wahrscheinlich durch den Diplomaten Busbecq in Frankreich erworben. Im Jahre 1806 entgingen sie nur in Folge einer Verwechslung ihrer Ueberführung nach Paris.

Beide Stücke, vielleicht französisch, datiren von ungefähr 1520.

Charles von Bourbon, Herzog von Bourbonnais, ist 1489 geboren. Er focht ruhmvoll für Franz I. von Frankreich, von Intriguen des Hofes verfolgt, bot er 1523 seine Hilfe Kaiser Carl V. an, stritt siegreich bei Pavia 1525 und fiel beim Angriffe auf Rom 1527.[2]

[1] Boeheim Wendelin. Augsburger Plattner etc. Jahrbuch der kunsthistorischen Sammlungen. Bd. XII. XIV.
[2] Sacken, Dr. Eduard Freiherr von. Die k. k. Ambraser Sammlung. Wien 1855.

2. **Schild aus der Schale einer Riesenschildkröte** (Chelonia Midas). An der Aussenseite erblickt man, in lasirten Temperafarben gemalt, die Darstellung: Manlius Torquatus dem am Ufer des Anio überwundenen Gallier die Torques abnehmend. Toskanische Schule des Quattrocento. Goldgrund.

3. **Ungarische Tartsche der ungarischen Garde des Königs Maximilian I.**, von Holz mit Pergament überzogen mit in freier Hand gepressten Ornamenten geziert und vergoldet. Die Verzierungen zeigen gothisirendes Blattwerk der Eiche mit dem des Granatapfelbaumes verschlungen. Deutsche Arbeit, um 1490.

Tafel XI.

1. **Geweihtes Schwert mit den Insignien des Papstes Julius II.** (della Rovere). Dasselbe, von der ansehnlichen Länge von 150·5 Centimeter, besitzt einen Griff aus vergoldetem Silber mit blauem translucidem Email, in dessen Verzierungen vielmals die Wappenfigur der Familie della Rovere als Motiv erscheint. Auf der flachen Klinge erblickt man in vergoldeter Aetzung die heiligen Petrus und Paulus, das Wappen des Papstes und die Inschrift: IVLIVS·II.·PONT·MAX·ANNO·VII.

Dabei befindet sich noch die Scheide (1.a), mit rothem Sammt überzogen und mit durchbrochenen Auflagen in vergoldetem Silber und prachtvollen Emails in champlevé ausgestattet. Bemerkenswerth erscheint der in Roth und Gold gewebte Gürtel, an welchem die Schnalle ihrer Emails wegen besondere Beobachtung verdient.

Seit dem XII. Jahrhundert war es Sitte, dass der Papst alljährlich in der Christnacht ein Schwert und einen Hut weihte, um diese an Fürsten zu übersenden, welche sich um die Christenheit oder den päpstlichen Stuhl besonders verdient gemacht hatten. Dieses von 1510 datirende Schwert dürfte den allen Daten nach an Kaiser Maximilian I. verehrt worden sein, und ist damit ein bedeutsames Gedenkstück an die Ligue von Cambray.

2. **Reiterschwert.** Der Griff von blankem Eisen ist theils mit Messing belegt. Der Knauf ist schneckenförmig gebildet. Die 100 Centimeter lange Klinge ist oben einschneidig und läuft erst unterhalb zweischneidig aus. Unter den Klingenschmiedezeichen erblickt man die alte Solinger Marke: die gekreuzten Flegel.

Der Wappenschild mit Rauten im Blason deutet auf Baiern. Um 1500.[1]

[1] Leitner Quirin. Die Waffensammlung des Interr. Kaiserhauses.

3. **Schwert mit alter spitz zulaufender italienischer Klinge.** Der kurze Griff ist beledert, der pyramidenförmige Knauf, die lappig gebildeten Parirstangen, sowie der breite Parirring sind von grauem Eisen und mit leichter Gold- und Silbertausia gesiert, die schon stark abgerieben, doch noch sehr zierlich gezeichnete Jagd- und Kampfscenen erkennen lässt. Italienisch, Mitte des XVI. Jahrhunderts.

4. **Schwert des kaiserlichen Feldobersten Ulrich von Schellenberg.** Ein echtes Landsknechtschwert mit vergoldetem Griffe. Die S-förmig gebildete Parirstange endet beiderseits in Schellen; eine Anspielung an den Namen. An der ledernen Scheide (4.a) ist ein sogenanntes Besteck, befindlich, für 8 Messer (4.b) dienend, von denen noch deren 6 vorhanden sind. Die Griffe dieser Messer enthalten Inschriften, die in ihrem Zusammenhange Verse aus einem älteren Minnelied erkennen lassen. Wir lesen hier Folgendes: »Kain . Ired . on . sie — ich . hof . und . zihfel . d. — als mit gluck. — ich . wart . der . zit . — ich . lid . und . schwig — ich klag . das . nit . s . m . — als . ir . zu . lieb. —«
Die Messerklingen tragen ein älteres Klingenschmiederzeichen. Das Kreuz ✗ .

Ulrich von Schellenberg, geboren um 1487, Doctor der Rechte, war Ritter und Feldoberst, der rühmlich in Italien, besonders bei Pavia focht. Er ward 1530 kaiserlicher Hofrath und starb 1558.

5. **Venetianisches Schwert.** Der Griff mit Bügel ist von Eisen. Die Klinge mit 63 Centimeter Länge ist an der Schneide sägeartig gebildet und endet in scharfer Spitze.[1] Derlei Schwerter führten die Marinesoldaten der Republik Venedig als Enterwaffe um 1520.

6. **Kleines Streitbeil von Eisen.** Sowohl die Beilklinge als der Stiel und der Griff sind mit schönen und zierlichen Verzierungen in Schwarzätzung ausgestattet. Der Griff ist mit Draht umwunden. Die Waffe ist der italienischen leichten Reiterei des XVI. Jahrhunderts eigenthümlich. Um 1550.

7. **Streitkolben des Matthäus Lang, Erzbischofs von Salzburg.** Derselbe besteht aus vergoldetem Silber, der Kolben ist mit Eicheln besetzt. Alle Füllungen des Kolbens und des Stieles sind mit translucidem Email ausgestattet, welches jedoch schon sehr schadhaft ist. Die Technik ist venetianisch. Der Griff ist mit geätzten Verzierungen geschmückt.
Die Zuschreibung ist schon in den Inventaren von 1596 angemerkt. Italienisch, vielleicht venetianisch, um 1500.

[1] Leitner, l. c.

Tafel XII.

1. **Feldharnisch des Kurfürsten Johann Friedrich von Sachsen.** Derselbe ist geschwärzt mit breiten, blank gehaltenen und mit meisterhaft gezeichneten Verzierungen, in Aetzarbeit ausgestatteten Streifen und Randborten. Bemerkenswerth sind die Dimensionen dieses Harnisches, welche auch der bekannten Leibesfülle dieses Fürsten entsprechen. In den erwähnten Aetzstreifen, deren Laubzüge eine Meisterhand verrathen, finden sich zahlreiche figurale Gestalten eingestreut. Der Stil weist auf jenen des Lucas Cranach, der ja am Hofe des Kurfürsten lebte, das Monogramm ᛗ aber auf Mathias Gerung. Die Formen des Harnisches mit burgundischem Helm, Kugelbrust, angeschobenen Beintaschen und hoch in die Lenden reichenden Oberschenkelschienen, endlich die breiten Eisenschuhe, weisen auf eine Fertigungszeit um 1530.

Kurfürst Johann Friedrich ist 1503 geboren, ward 1532 Kurfürst. 1546 Haupt des schmalkalden'schen Bundes, 1547 wurde er in der Schlacht bei Mühlberg gefangen und erst 1552 wieder in Freiheit gesetzt. Er starb 1554.

2. **Ganzer Feldharnisch des Grafen Friedrich III. von Fürstenberg.** Derselbe ist blank und mit schwarzgeätzten Strichen, Emblemen und Inschriften ausgestattet. Das Bruststück mit scharfem Grat führt oberhalb einen breiten geätzten Streifen mit einem Medaillon, in welchem ein behelmter Kopf, möglicherweise das Bildniss des Besitzers erscheint, ferner die Jahreszahl 1531. Auf dem Rückenstücke liest man die Inschrift:
ZVM · KLICK · MIT · FRET · WIE · GOT · WIL ·
Das Plattnerzeichen auf dem Bruststück ist nicht eruirt, es hat die beifolgende Form **W** .

Vielleicht ist es die lang gesuchte Marke des bedeutenden Waffenschmiedes Wolf von Landshut. Für diese Annahme würde auch das baierische Wappen sprechen, das sich in dem Mittelstreifen der zugehörigen Doppelbrust findet.

Friedrich Graf von Fürstenberg, Heiligenberg und Werdenberg, geboren 1496, kämpfte in 18 Feldzügen für Carl V., wurde später Obersthofmeister Ferdinands I. und Reichsbannerträger. Er starb 1559.[1]

Tafel XIII.

1. **Ganzer Feldharnisch des Landgrafen Philipp des Grossmüthigen von Hessen.** Bei seiner reichen Ausstattung ist dieser Harnisch kaum für den Feldgebrauch bestimmt gewesen. Derselbe ist blank, an

[1] Schrenck von Notzing Jacob. Armamentarium heroicum. 1602.

vielen Stellen im Pfeifenmuster getrieben und mit schwarz geätzten ornamentirten Streifen geziert. Die allgemeine Form, vorzüglich des burgundischen Helmes, wie nicht minder jene der grossen, schön getriebenen Armkacheln, der noch ziegelförmigen Beintaschen, endlich der breiten Eisenschuhe, gemahnen noch an ältere Zeit, doch ist die Brust bereits tapulförmig vorgetrieben. Ebenso erinnern die Motive der Verzierungen in den Aetzstreifen an ältere Muster in Miniaturen. Wiederholt tritt der heraldische Adler auf. Am oberen Brustrande findet sich die geätzte Jahreszahl 1534. Der Meister dieses aus der allgemeinen Mode heraustretenden Harnisches ist unbekannt, er reiht sich nicht in die Augsburger- oder Nürnberger-, noch in eine andere bekannte Schule, ohne in den Details die Zunftmässigkeit zu verläugnen.

Philipp der Grossmüthige wurde 1504 geboren, regierte seit 1518. Als eines der Häupter des Schmalkaldischen Bundes schlug er 1545 den Herzog Heinrich von Braunschweig und nahm ihn gefangen, gerieth aber in der Schlacht bei Mühlberg 1547 selbst in die Gefangenschaft des Kaisers Carl V. Er starb 1567.

2. Prunkharnisch des Freiherrn Wilhelm von Rogendorf. Dieser in seiner Form ganz aus der Schablone tretende Harnisch folgt der deutschen Landsknechttracht mit Puffen und Schlitzen. Er ist blank und in den dargestellten Schlitzen schwarz geätzt. Unverkennbar bildete er einen Theil einer grösseren Harnischgarnitur, deren übrige Stücke bis auf wenige verloren gegangen sind. Der geschlossene Helm schon gehörte zu einem anderen Harnische der Garnitur, die zugehörige Landsknechtbrust fehlt. Die Brust ist noch kugelförmig. Interessant sind die weiten bauschigen Armzeuge und nicht minder die Bedeckung der Gesässtheile im Rücken.

Der Harnisch ist um das Jahr 1532 zu einer Zeit gefertigt, als Rogendorf als Befehlshaber der deutschen Landsknechte in Spanien focht. Es ist bemerkenswerth, dass sich in der Armeria Real zu Madrid und im Musée d'Artillerie zu Paris allein Harnische von gleicher oder ähnlicher Construction wie an dem unseren befinden, die alle auf die Werkstätte des Koloman Helmschmied in Augsburg (gest. 1532) zurückzuführen sind.

Wilhelm Freiherr von Rogendorf und Mollenburg ist 1481 geboren. Er focht 1508 gegen die Venetianer, 1522 gegen die Mauren in Spanien und gegen die Franzosen. Mitvertheidiger Wiens gegen die Türken 1529. Als Oberbefehlshaber in Ungarn wurde er vor Ofen tödtlich verwundet und starb zu Somerein 1541.[1])

Tafel XIV.

1. Sturmhaube und Brigantine des Francesco Maria von Rovere-Montefeltre, Herzogs von Urbino.

[1]) Bergmann Josef. Medaillen auf berühmte Männer, I, 216. — Ueber die Freiherren und Grafen zu Rogendorf. Sitzungsberichte d. kais. Akademie d. W., VII. Bd., Heft VII.

Beide sind gebräunt und von getriebener Arbeit. An der Sturmhaube ist ein gelocktes Haupt im antikisirenden Stile nachgeahmt; in der Brigantine (Schuppenpanzer) das Kleid eines antiken Römers. Die Sturmhaube trägt im Nacken folgende eingestempelte Marken.

Die Meister dieses berühmten Prunkharnisches, die Gebrüder Philipp und Jacob Nigroli von Mailand, sind nur mehr in der Armeria Real zu Madrid, aber in bewundernswerthen Arbeiten, und zwar für Carl V. vertreten. Philipp starb um 1592. Ein dritter Bruder, Francesco, wurde 1532 Hof-Wehrvergolder (Deaurator) Carls V.[1])

Francesco Maria von Rovere wurde 1491 geboren, diente anfänglich unter Papst Julius II. gegen Venedig 1509, fiel aber später in Ungnade und wurde von Leo X. seiner Länder beraubt, die er aber 1521 wieder in Besitz nahm. Grossen Ruhm erwarb er sich als Feldherr der Venetianer. Er starb durch Gift 1538.

2. Halber Landsknechtharnisch des Conrad von Bemelberg. Derselbe ist blank und in allen Theilen mit schwarzgeätzten Darstellungen im Stile der deutschen Illuminatoren geziert. Der Harnisch selbst bietet ganz den Typus der älteren Landsknechtharnische. Schirmhaube, Brust mit bereits vortretender Auftreibung in der Mitte (Tapul). Auf der Brust ist in Goldatzung der gekreuzigte Heiland und von diesem kniend der Besitzer dargestellt, dabei die Inschrift: HILF·HER· AM·KREICZ. Auf der Doppelbrust findet sich oberhalb ein breiter Aetzstreifen mit der Darstellung des Raubes der Helena in der Art des Bartel Beham. Die übrigen Darstellungen mit auslaufenden Schreiberzügen führen das Aetzmaler-Monogramm A G zweifelsohne des Albert Glockenton (gest. nach 1556). Die Meister dieses ausgezeichnet schönen Harnisches sind durch ihre Zeichen sichergestellt. Auf der Haube findet sich neben der Beschaumarke von Nürnberg das Zeichen des Valentin Siebenbürger (gest. 1564); auf der Brust aber die Marke seines Schwiegervaters, des Wilhelm von Worms des Aelteren (gest. 1539).

Neudörfer bemerkt in seinen Nachrichten über Nürnberger Künstler und Werkleute bei Erwähnung Siebenbürgers:[2]) »Den ist sein schwäher fast lieb, wohnet bei ihm und seiner tochter im haus und vergönnt ihm all sein kunst und kundschaft.« — Der Harnisch datirt von c. 1532.

[1]) Boeheim Wendelin, Mailänder Waffenschmiede. Jahrbuch d. kunsthist. Sammlungen, IX. Band.

[2]) Neudörfer Joh. Nachrichten von Künstlern und Werkleuten in Nürnberg, 1547. Quellenschriften für Kunstgeschichte X. Band.

Conrad von Demelberg oder Hoineburg, genannt der kleine Hess, ist 1494 geboren. Er diente in den französischen Kriegen, war bei Pavia, focht als Befehlshaber in Italien und den Niederlanden und zeichnete sich besonders 1532 in Ungarn aus. Er starb 1567. Von ihm bewahren die kunsthistorischen Sammlungen des Allerhöchsten Kaiserhauses in diesen Harnisch gekleidet ein in Augsburg 1582 gemaltes Porträt von Petrus Dorisy (Doriei?) aus Mecheln.

Tafel XV.

1. Feldharnisch des Königs Philipp II. von Spanien. Dieser eigenartig geformte Harnisch ist blank, mit breiten schwarz geätzten Zügen, welche von schmalen Leisten in vergoldetem Aetzwerk eingefasst sind. Der Helm ohne Kamm besitzt einen breiten Sonnenschirm, die Achseln tragen schmale Brechränder, die Ellenbogenkacheln sind mit den Emblemen des Vliessordens in Goldätzung geziert. Die Brust hat die Form von etwa 1543. Die schmalen Eisenschuhe sind vorne abgehackt gebildet. Eine Marke ist nicht vorhanden.

Der Harnisch bildet einen Theil einer grösseren Garnitur des Königs, von welcher die übrigen Theile, darunter auch ein interessanter Harnisch für den deutschen Fusskampf (genannt mit den Greifen), noch zur Stunde in der Armeria Real zu Madrid bewahrt werden. Er ist ein Geschenk des Königs an den Erzherzog Ferdinand von Tirol und wird bereits in dem ältesten Inventare der Waffensammlung dieses Prinzen von 1583 beschrieben. Die ganze Garnitur ist deutsche, ohne Zweifel Augsburger Arbeit und allen Anzeichen nach ein Werk des berühmten Waffenschmiedes Desiderius Helmschmied.

König Philipp II., Sohn Kaiser Carls V., ist 1527 geboren und starb 1598.

2. Ganzer Feldharnisch des Königs, später Kaisers Maximilian II. Derselbe ist blank und aus ornamentirten Strichen und Randbordüren in vergoldeter Aetzung geziert. Seine Formen mit burgundischem Helm, Achseln mit noch hohen Brechrändern, Brust mit tiefem Gansbauch, geschnürtem Unterbeinzeug und schmalen Eisenschuhen weisen auf die Zeit zwischen 1562 und 1564. Bemerkenswerth ist der Latz oder Gliedschirm (latus), eine Mode, die am Schlusse des XV. Jahrhunderts unter den Landsknechten entstand, sich rasch selbst bis in die höchsten Kreise verbreitete und um 1570 ziemlich rasch wieder verschwand.

Der Harnisch weist durch seine Marken deutlich auf den Meister. Wir ersehen an mehreren Stellen das Zeichen der Nürnberger Beschau und die Marke mit dem »zum Grimme geschickten« Löwen.

Letzteres ist die Marke des Conrad Lochner, eines der bedeutendsten Nürnberger Platner (gest. 1567), der auch von 1542 an am Hofe zu Prag thätig gewesen war. Kaiser Maximilian II. ist 1527 geboren. Römischer König und von Böhmen 1562, von Ungarn und Kaiser seit 1564. Er starb 1576.

Aus den Emblemen am Kamme des Helmes, unter welchen der römische einköpfige Adler erscheint, ist zu entnehmen, dass der Harnisch zwischen 1562 und 1564 gefertigt sein musste.

Tafel XVI.

Rossharnisch des Ruprecht Pfalzgrafen bei Rhein. Dieses Rosszeug zählt durch seine Ausstattung mit schmalen Riffelungen in die Kategorie der sogenannten Maximilians-Harnische; er ist blank und an den Rändern und sculpirten Stellen in Goldschmelz geziert. Die Rossstirne hat einen Salamander ausgetrieben. Die Streifbuckel des Fürbugs stellen Löwenköpfe dar. Der Sattel besitzt bereits Schenkelwülste. Das Hinterzeug (Gelieger) ist aus gekreuzten Schienen gebildet, die unterhalb in Buckeln enden, mit welchen Schellen dargestellt sind. Das Rosszeug von vermuthlich Augsburger Arbeit, datirt von c. 1502. Es besitzt keine Meistermarke.

In den ältesten Inventaren ist der Gegenstand irrig dem deutschen Könige Ruprecht von der Pfalz (1352—1410) zugeschrieben; es ist das eine Verwechslung, die auch in Schrenck's von Notzing Kupferstichwerk: »Armamentarium heroicum« (begonnen 1582, herausgegeben 1601) übergegangen ist. Es ist aber klar, dass derselbe seinem weit jüngeren Namensvetter, der durch seine Fehde um das Erbe Baierns gegen Kaiser Maximilian bekannt ist, angehört. Sie fand durch die Eroberung Kufsteins und das Ableben Ruprechts 1504 ihren Abschluss. Ruprecht ist 1481 geboren; seit 1499 mit Elisabeth von Baiern vermält, starb er im Alter von 23 Jahren.

Tafel XVII.

Leichter Rossharnisch (Gelieger) des Königs, späteren Kaisers Ferdinand I. Derselbe ist blank mit theils getriebenen, theils geätzten und vergoldeten Emblemen und Ornamenten. Auf dem Vordertheile (Fürbug) wie an den Taschen des Croupegeliegers sind Meergottheiten und Sirenen dargestellt. Der Bezug des Sattels besteht aus verblichenem ruthem Sammt. Auf einer der Halsschienen liest man die Jahreszahl 1547.

Schon im Jahre 1539 liess sich Ferdinand durch seinen Hofplattner Jörg Seusenhofer zu Innsbruck einen Harnisch und ein »Gelieger« fertigen. 1547 beauftragte er Seusenhofer, seinem Sohne Erzherzog Ferdinand einen Harnisch mit allen Doppelstücken *) und ihm selbst ein »gelieger«, inmassen er ihm zuvor (1539) gemacht«, zu fertigen. Dieses Gelieger erblicken wir auf unserer Tafel. Beide erwähnten Rossharnische, ganz von gleicher Form, kamen durch Erbschaft in den

*) Diesen Harnisch ersehen wir auf Tafel XXI. 1.

Besitz des Erzherzogs Ferdinand von Tirol und wurden im Schlosse Ambras bewahrt. Jener von 1539 wurde 1806 auf Befehl Napoleon's I. mit anderen werthvollen Harnischen nach Paris geführt und wird heute im Musée d'Artillerie bewahrt.

Jörg Seusenhofer, ein Sohn des kaiserlichen Wappenmeisters Hans, ist um 1516 geboren, er erlangte grossen Ruf als Waffenschmied, als welcher er für den Hof wie für zahlreiche ausländische Könige und Adelige beschäftigt war; er starb 1559.[1]

Tafel XVIII.

1. **Sturmhaube, dem Kaiser Carl V. zugeschrieben.**
Dieselbe ist von Eisen, blank gehalten und in getriebener Arbeit ausgestattet, durch welche sie zu den kunstvollst gestalteten Waffenstücken zählt. Das Scheitelstück ist durch verzierte Bänder in Lünetten getheilt, welche in zahllosen kleinen Figuren Scenen enthalten, welche der Aeneide Virgil's entnommen sind, wie auch lateinische Inschriften an beiden Seiten besagen. Diese Scenenreihe setzt sich auch auf dem Gesichtsschirm, den Ohrlappen und dem Genickschirm fort. Auf dem hohen Kamme erblickt man die Gottergestalten des Olymps. Der Meister dieses durch seine trefflichen Compositionen, wie durch seine vollendete Ausführung hervorragenden Kunstwerkes ist bei dem Mangel einer dahinzielenden Bezeichnung nicht festgestellt; doch finden sich in manchen Details Aehnlichkeiten mit Werken des Augsburger Meisters Desiderius Helmschmied. Die Sturmhaube stammt aus dem kaiserlichen Lustschlosse Laxenburg.

2. **Ungarische Sturmhaube Sisák,** In deutschen Inventaren auch Zischägge genannt, des Grafen Niclas Zrinyi, Banus von Croatien. Diese Sturmhaube des in Ungarns Geschichte so ruhmvoll hervortretenden Befehlshabers ist von der gewöhnlichen Form dieser ursprünglich orientalischen Kopfbedeckung; sie ist blau angelaufen und mit breiten primitiv gearbeiteten Ornamenten in Goldschmelz geziert. Nebst einem Säbel mit dem Wappen des Grafen und einem Hermelinpelz (schuppinzerle) wird sie bereits im Waffen-Inventare des Schlosses Ambras von 1583 beschrieben.

Graf Zrinyi ist 1518 geboren, soll bereits bei der Belagerung von Wien 1529 mitgefochten haben. Er zeichnete sich besonders 1532 gegen die Türken in Ungarn aus, wofür ihn der König zum Tavernicus ernannte. Er fiel nach einer beispiellos hartnäckigen Vertheidigung der Festung Szigeth, bei welcher selbst der Sultan dahingerafft wurde, 1566. Sein Haupt ruht in Czákáthurn, der Rumpf wurde in Szigeth beerdigt.

[1] Schönherr D. Der Harnisch Königs Franz von Frankreich. Archiv für Tirol I.
Schönherr D. und Boeheim W. Ein Harnisch Erzherzogs Ferdinand von Tirol. Mitth. d. k. k. Centralcommission, n. F., VI. und VII. Bd.

3. **Burgundischer Helm des Königs,** später Kaisern Ferdinand I. Dieser Helm, blank mit geätzten und vergoldeten Verzierungen, nimmt durch die sonderbare Form seines Visirs, welches übermässig spitz vorspringt, und der Schnauze eines Fuchses gleicht, die Aufmerksamkeit in Anspruch. Diese Form der Schembartvisire, wenn auch zur Zeit der Fertigung um 30 Jahre veraltet, hatte doch den praktischen Zweck, im geschlossenen Zustande dem Träger das Athemholen zu erleichtern. Sie erinnert wohl auch lebhaft an die sogenannten Hundsgugeln. (S. Tafel VI.) Auf dem Kamme erblickt man heraldische Embleme des Königs, durch welche sich erweist, dass der Helm vor 1527 geschlagen wurde.

Im Nacken zeigt sich die Marke des Innsbrucker Plattners, und seit 1555 königlichen Hofplattners Jörg Seusenhofer. Der daneben geschlagene Hindenschild bezeichnet die königliche Harnischkammer.

Tafel XIX.

Prunkschild, dem Kaiser Carl V. zugeschrieben.
Dieser Schild von feinstem Eisen zählt zu den berühmtesten Meisterwerken der Treibarbeit. Derselbe, etwas bizarr contourirt, mit phantastischen Köpfen in den Ecken, enthält in fünf Lünetten Scenen in nackten Figuren, in welchen das Leben eines Helden geschildert wird. In den einzelnen Bildern ersehen wir: 1. Den Auszug zum Kampfe und den Schwur der Soldaten. 2. Den Kampf des Helden. 3. Der Held überreicht dem Könige die Spolia opima. 4. Er feiert den Triumph. 5. Das letzte Ringen der Ueberwundenen. Oberhalb erblickt man das Haupt der Zwietracht, unterhalb das Antlitz des Friedens. Zwischen diesen Lünetten wird der Raum mit meisterhaft modellirten nackten Gefangenen ausgefüllt, welche in ihrer Zeichnung und Modellirung an ähnliche Giulio's Romano erinnern, jedenfalls aber der römischen Schule angehören. Der Rand des Schildes, wie die die Lünetten umgebenden Bänder sind in feiner Goldtausia geziert; ebenso sind die Gewänder und Rüstungstheile der Figuren in Gold geziert.

Von diesem Prachtstücke italienischer Kunst um 1550 existirt eine nicht minder werthvolle Wiederholung, die, aus der Prager Kunstkammer stammend, nun im Schlosse des Grafen Wrangel zu Skokloster am Mälarsee bewahrt wird, aber in den Ecken verstümmelt ist. Spätere Nachahmungen dieses Werkes sind in Paris und anderen Orten wiederholt aufgetaucht.

Tafel XX.

1. Prunkdegen, dem Kaiser Carl V. zugeschrieben.
Dieser Degen besitzt ein Gefäss aus geschnittenem Golde, mit den reichsten und zartesten Verzierungen in opakem Email von geschmackvoller Zeichnung. Sowohl auf dem eiförmigen Knaufe wie an den Enden der Parirstangen erblickt man reizende Engelsköpfchen. Der Griff ist mit gesponnenem Golddraht umwunden. Die lange und spitz zulaufende Klinge trägt die spätere Marke des berühmten Mailänder Klingenschmiedes Antonio Piccinino (geb. 1509, gest. 1589). Dabei auch das zugehörige Ortbandbeschläge (1a).

In diesem Prunkdegen erblicken wir die herrlichst ausgeschmückte Blankwaffe, und eines der schönsten Werke der italienischen Goldschmiedekunst überhaupt.[1]) Ungeachtet der Herkunft der Klinge aus Mailand, dürfte die Goldschmiedearbeit, die wiederholt irrig Benvenuto Cellini zugeschrieben wurde, aus Florenz stammen.[2])

2. Degen. Der Griff aus grau angelaufenem Eisen, sowie der Ansatz der Klinge sind mit eingeschlagener Goldtausia in ungemein zarter Ausführung geziert. Zwischen geschmackvollen Arabesken zeigen sich Ansichten von Städten, Kampf- und Jagdscenen. Die Klinge besitzt zwei Mailänder Stempel, deren Meister

unbekannt ist. Auf der Schmalseite des Klingenansatzes liest man den Namen des Tauriators DAMIANVS · DE · NERVE · ME · FECIT, was wahrscheinlich: »Damianus de Neron, Venetus me fecit,« zu lesen sein dürfte. Das Werk datirt um 1560.[3])

3. Courtelas. Langes Hiebmesser, italienisch Coltelaggio. Das Gefäss in Eisen geschnitten und theilweise vergoldet, zählt zu den geschmackvollsten Kunsterzeugnissen der besten Zeit der Renaissance. Auf dem Knaufe zeigen sich phantastische Figuren im Hochrelief zwischen fein gearbeiteten Ornamenten. Die Enden der Parirstangen bilden gebundene Pferdeschädel. Die schwere Klinge ist mit geschnittenem, in Gold und

---

[1]) Beaumont C. La fleur des Epées. Der Verfasser hat die schönsten Exemplare von Schwertern und Degen aus Italien und Frankreich darin aufgenommen, aber vom Gesichtspunkte der Composition wie der Pracht der Ausstattung ist kein Exemplar darunter, das dem hier abgebildeten an die Seite gestellt werden könnte.
[2]) Arneth J. Studien über B. Cellini. Denkschriften der kais. Akademie der Wissenschaften. Bd. IX. 1859. Vergl. auch Plon E., Benvenuto Cellini. Paris. 1883.
[3]) Bocheim W. Mailänder Waffenschmiede etc. Jahrbuch der kunsthistorischen Sammlungen. Bd. IX. Ein Lorenzo de Nervo war »Wehrvergolder« am kaiserlichen Hofe von 1568 bis an seinen Tod 1599. Ein Kunstarbeiter de Nerve ist unbekannt.

Silber tauschirtem Bandornament geziert. Die rothsammtene Scheide (3a) besitzt getriebene und vergoldete Messingbeschläge. Der Meister dieses um 1565 datirenden Werkes ist unbekannt, doch dürfte dasselbe aus einer Mailänder Werkstätte herrühren.[1]) Ein diesem sehr ähnlicher Courtelas, sicher von dem gleichen Meister, befindet sich im Musée d'Artillerie in Paris, wohin er aus der Waffensammlung Napoleon's III. zu Pierrefonds gelangt ist.

Tafel XXI.

1. Ganzer Feldharnisch, blank mit geätzten und vergoldeten Strichen. Der Harnisch, von ungemein genauer Ausführung, datirt nach seinen Formen um 1547. Er trägt an mehreren Stellen nebst der Augsburger- die Marke des berühmten Plattners Matthäus Frauenpreis.

Der ältere Frauenpreis starb 1549, der jüngere und Sohn desselben gleichen Namens, nicht minder bedeutend, lebte noch 1563. Es ist somit nicht ganz sichergestellt, von welchem derselben der Harnisch gefertigt ist, zumal beide die gleiche Marke führten. Manche Umstände deuten auf den älteren Meister. Der Harnisch stammt sicher aus der kaiserlichen Harnischkammer zu Wien und gehörte nach seiner Grösse dem Erzherzoge Maximilian, dem nachherigen Kaiser, die sichere Grundlage für eine Zuschreibung desselben ist aber verloren gegangen.

2. Feldharnisch, zu einer vollständigen Garnitur des Erzherzogs Ferdinand von Tirol gehörig. Diese Garnitur blank mit geätzten und vergoldeten Strichen und getriebenen Emblemen wird wegen der in den blanken Feldern eingestreuten einköpfigen Adler: »mit den Adlern« genannt. Sie wurde im Jahre 1547 von dem Könige Ferdinand I. für seinen Sohn bei dem Plattner Jörg Seusenhofer in Innsbruck bestellt und trägt auch dessen Marke.

Die Aetzarbeit ist von der Hand des Innsbrucker Malers Hans Perckhammer, die Fütterungen und Vorstösse fertigte der Säckler Franz Welgerer. Die ganze Garnitur kostete 1158 Gulden 6 Kreuzer.[2]
Jörg Seusenhofer ist als der Sohn des kaiserlichen Wappenmeisters Hans um 1516 zu Innsbruck geboren und starb dortselbst bald nach 1558.

---

[1]) Leitner Quirin. Die Waffensammlung des österreichischen Kaiserhauses. Wien. 1866-1870.
[2]) Schönherr D. und Boeheim W. Ein Harnisch Erzherzogs Ferdinand von Tirol. Mitth. d. k. k. Centralcommission, n. F., VI. und VII. Bd.

Erzherzog Ferdinand wurde 1529 geboren, und trat nach dem Tode seines Vaters die Regierung Tirols an. Er belehligte in zwei Feldzügen gegen die Türken und starb 1595.

Tafel XXII.

1. **Halber Prunkharnisch mit Rundschild des Erzherzogs Ferdinand von Tirol.** Derselbe ist schwarz angelaufen, von getriebener Arbeit, theils mit Goldtausia verziert, theils vergoldet. Von diesem Harnische sind vorerst zwei Stücke hervorzuheben, welche einem italienischen Meister angehören; die Sturmhaube, wegen ihrer Form, »mit dem Löwenangesichte«, und der Rundschild »mit dem Haupte der Medusa« benannt. Beide Stücke von unübertrefflicher Schönheit in Zeichnung und Ausführung sind eine frühe Arbeit des berühmten Tausiators Lucio Piccinino in Mailand, des Sohnes des bereits genannten Klingenschmiedes Antonio Piccinino. Sein Monogramm erscheint auf dem Schilde unter den figuralen Darstellungen, welche den Stil des Carndosso an sich tragen.

Die Brust mit dem Rücken, dem Kragen und den Achseln ist eine spätere deutsche Arbeit, von an sich immerhin trefflicher, aber doch minder gelungener Arbeit. Auf der Brust ist Neptun und Samson, auf dem Rücken Jupiter und Vulkan in Relief dargestellt.

Erzherzog Ferdinand liess die beiden oberwähnten um 1552 gefertigten und von seinem Vater ererbten Stücke später zu einem Harnische ergänzen, in welchen gekleidet er häufig in Oelgemälden und Kupferstichen dargestellt ist.[1]

2. **Halber Prunkharnisch mit Rundschild des Erzherzogs Ferdinand von Tirol.** Grau angelaufen, getrieben und theils in Goldtausia reich geziert, theils vergoldet. Dieser unvergleichliche Harnisch bildet den Haupttheil jener Ausrüstung für Mann und Ross, die gemeinlich als die »Mailändische Rüstung« bezeichnet wird, und die in dem Verlassenschafts-Inventare des Erzherzogs von 1596 mit den Worten verzeichnet erscheint: »Die Mayländisch eisengetriebne rüstung, so vom kaufmann Serebey erkauft worden ist.« Diese Angabe bezieht sich, wie sich aus den Acten des Statthalterei-Archivs zu Innsbruck ergibt, auf den Mailänder Treibarbeiter und Tausiator Giovanni Battista Serabaglio, welcher diese Ausrüstung 1560 dem Erzherzoge für 2400 Kronen lieferte. Die Zeichnung der Ornamente und der zahlreichen figuralen Sujets sind zumeist der Mythologie entnommen, aber auch die romantische Poesie der italienischen Renaissance spielt hier in geistvoller Auffassung mit hinein. So erblicken wir u. a. an der Sturmhaube als Motiv die Figur des Orca, jenes Ungeheuers aus den Ardennerwalde, benützt, welches Ariost in seinem Orlando furioso im XLII. Gesange schildert. Die Ausführungen verrathen eine vollendete Meisterhand, die Goldtausia ist von einer staunenswerthen Reinheit und Feinheit. Das Werk zählt zu den herrlichsten der Mailändischen Waffenschmiedekunst.[1]

Tafel XXIII.

1. **Sturmhaube und Rundschild des Erzherzogs Ferdinand von Tirol.** Beide im antikisirenden Stile der späten italienischen Renaissance sind von grauem Eisen, getrieben und theils in Goldtausia verziert, theils vergoldet und versilbert. Auf der Haube erblicken wir wieder ein Ungeheuer, jene Phantasiegestalt, die in Ariost's Orlando furioso im VIII., IX., X. und XI. Gesange erscheint. Die Kammfigur bildet der Orca des XLII. Gesanges. Auf dem Scheitelstücke erblickt man Neptun und Hercules. Auf dem Schilde (1a) sind in fünf Lünetten Thaten des Hercules und David mit Goliath dargestellt. Die Rückseite ist mit rother Seide gefüttert, welche mit prachtvoller Stickerei ausgeziert ist. Beide Stücke sind nach Stil und Ausführung unverkennbar von der Hand des Giovanni Battista Serabaglio in Mailand und um 1565 gefertigt.[2]

2. **Rossstirne von blankem Eisen**, in getriebener Arbeit und mit schwarz geätzten Ornamenten auf Tupfgrund reich verziert. Wie bei Rossstirnen überhaupt häufig, so bildet auch hier das Motiv der Ausrüstung des frontalen Theiles »der Salamander«, in phantastischer Auffassung. Die Treibarbeit ist von aussergewöhnlich virtuoser Behandlung, so dass einzelne Theile frei aus dem Relief heraustreten. Die Rossstirne gehörte zu einem reich ausgestatteten Pferdezeuge (Parsche) aus Leder und stammt nach den alten Inventaren aus der erzherzoglichen Waffenkammer zu Graz, somit aus dem ursprünglichen Besitze des Erzherzogs Carl von Steiermark, von wo der Gegenstand im vorigen Jahrhunderte nach Wien gelangte. Das Rosszeug war vermuthlich Augsburger Arbeit um 1560.

3. **Prunkstirne von blankem Eisen**, mit reich ornamentirten figuralen Darstellungen in meisterhafter Treibarbeit geziert. In der Mitte ist Jason dargestellt, der das goldene Vliess ergreift. Ringsumher erscheinen phantasievoll gezeichnete Ornamente mit eingestreuten nackten Figuren im niederländischen Stile. Die Zeichnung zu diesem prächtigen Kunstwerke dürfte von der Hand des Hofmalers des Herzogs Albrecht V. von Baiern, Hans Mielich (gest. 1572), herrühren. Die gewählten Motive ist ohne Zweifel eine Anspielung auf den unbekannten Eigenthümer erblicken, der Ritter des Vliessordens gewesen war. Nachdem der Gegenstand aus der kaiserlichen Harnischkammer her-

---

[1] Boeheim W. Mailänder Waffenschmiede. Jahrbuch IX.

[1] Boeheim W. l. c.
[2] Boeheim W. l. c.

rührt, so könnte man mit einigem Grunde annehmen, dass er als Geschenk Albrecht V. von Baiern, etwa um 1565, an König Maximilian II. gekommen ist.

Tafel XXIV.

1. und 2. Schwert und Degen zur sogenannten Mailändischen Rüstung des Erzherzogs Ferdinand von Tirol gehörig. Arbeit des Mailänder Waffenschmiedes Giovanni Battista Serabaglio von 1560. Die Hefte, beide von ähnlicher Zeichnung, sind von grauem Eisen in prächtiger Schnittarbeit und in theils eingeschlagener Gold-, theils aufgeschlagener Silbertausia verziert. Die Klinge des Schwertes ist am Ansatze, jene des Degens aber auf diesem und längs eines Theiles des flachen Grates mit eingeschlagener Gold- und Silbertausia verziert. Letztere trägt auch die bekannte Marke welche sie speciell als Mailänder Arbeit erkennen lässt. (Siehe auch Tafel XXII, 2.) Bei dem Schwerte (1) ist auch noch die Scheide (2a) und das Gehänge vorhanden. Das Beschläge des letzteren ist in geschmackvoller Zeichnung ciselirt und theils vergoldet.

3. Degen. Das Heft ist von graugefärbtem Eisen und mit aufgeschlagener Silbertausia in geschmackvoller Zeichnung verziert. Die feine Klinge trägt nachstehende Marken:

und den Namen des Klingenschmiedes PETER BRAS VON MEIGEN. Der Meister ist unbekannt. Meigen, eigentlich Meygen, ist eine kleine Ortschaft Ostflanderns in der Nähe von Gent. Der Griff ist nach italienischem Muster gefertigt, aber von vermuthlich niederländischer Arbeit.

4. 4a. Schwert und Dolch. Die Hefte beider sind von Eisen in der bekannten unnachahmlichen grauen Färbung, die den Mailänder Eisenkunstwerken eigen ist, und mit feinem Randornament in Goldtausia geziert. Beide Klingen tragen die Mailänder Marke und die eines unbekannten Meisters. Die Form des Dolch-

griffes ist venetianisch. Arbeit von c. 1570.

Tafel XXV.

1. Turnierharnisch, dem Erzherzoge Ernst zugeschrieben. Dieser Harnisch wie auch der nächstfolgende ist für eine der letzten Gestecharten: für das »neue welsche Gestech über die Planken« (pallia) in Gebrauch gewesen. Derselbe ist blank gehalten und nur an einigen Bestandtheilen mit breiten Füllornamenten in theils schwarzer, theils vergoldeter Aetzung ausgestattet, die an sich schon die Augsburger Ornamentistenschule verrathen. Der Kamm des aufgeschraubten schweren Stechhelmes ist in vergoldeter Aetzung geziert und darin beiderseits eine Jungfrau dargestellt, die eine Schale in der Hand hält, in der ein brennendes Herz liegt. Zwischen dem Blattornament steht die Jahreszahl 1571. Wird der Helm abgehoben, so zeigt sich an dem Oberrande des Bruststückes die Beschaumarke Augsburgs und das Zeichen des Waffenschmiedes Anton Peffenhauser: das sogenannte »Dreibein«.

Peffenhauser ist 1525 geboren und starb zwischen Mai und October 1603. Arbeiten dieses letzten der gefeierten Meister der Waffenschmiedekunst Augsburgs finden sich im königlichen historischen Museum in Dresden, sein vorzüglichstes Werk aber in dem Harnische des Don Sebastian von Portugal in der Armeria Real in Madrid.[1])

Erzherzog Ernst wurde 1553 geboren, kam 1571, also gerade im Jahre der Fertigung dieses Harnisches, aus Spanien nach Deutschland. Die Darstellung auf dem Helmkamme steht ohne Zweifel mit der Absicht der Verheirathung des Prinzen in Beziehung. Er starb 1595.

2. Turnierharnisch, dem Kaiser Maximilian II. zugeschrieben. Die Form dieses Harnisches ist ganz dieselbe wie jene des vorherbeschriebenen. Der Harnisch, zu einer grösseren Garnitur gehörig, von welcher in der Sammlung noch sechs Harnische verschiedener Form und zwei Turniersättel, in anderen grösseren Sammlungen aber, wie in der Eremitage in St. Petersburg u. a., weitere einzelne Theile vorhanden sind, ist blank und mit breiten Füllornamenten in theils vergoldeter, theils Schwarz-Aetzung verziert. Die Garnitur datirt von c. 1570, der ganze Typus bis ins Einzelne entspricht völlig den Arbeiten des berühmten Augsburger Waffenschmiedes Anton Peffenhauser, obwohl nirgends eine Marke desselben zu erblicken ist. Die Zuschreibung beruht lediglich auf Tradition, doch entstammt die Garnitur der kaiserlichen Waffensammlung und die einzelnen Harnische entsprechen ziemlich der Statur dieses Monarchen.[2])

Tafel XXVI.

1. Sturmhaube und Rundschild des Erzherzogs Carl von Steiermark, mit getriebenen, theils in Gold tauschirten, theils vergoldeten Arabesken und figuralen Emblemen. Auf der Sturmhaube erblickt man Curtius

---
[1]) Boeheim W. Augsburger Waffenschmiede. Jahrbuch der kunsthist. Sammlungen. XII., XIII. Bd.
[2]) Leitner Quirin, Die Waffensammlung des österreichischen Kaiserhauses. Wien, 1866—1870.

und Horatius Cocles, an der Stirne die goldgeschuppten Rosse Neptuns. Der Rundschild von Holz ist mit braunem Sammt überzogen, auf welchem in der Form von Plaquen die ciselirten Embleme aufgenietet sind. In letzteren sind Brustbilder römischer Imperatoren dargestellt. Beide Stücke erscheinen in den alten Inventaren der Waffenkammer zu Graz aufgeführt. Italienische Arbeit um 1575.

Erzherzog Carl, der jüngste Sohn Ferdinand I., wurde 1550 geboren und starb nach langer und nicht unglücklicher Regierung Steiermarks 1590.

2. Sturmhaube und Rundschild. Beide in Eisen getrieben, sind theils in Goldtausia gezicrt, theils vergoldet. Auf der Sturmhaube erblickt man Gruppen musicirender Personen zwischen Trophäen. Auf dem Mittelfelde des Rundschildes ist in einer figurenreichen Scene das Urtheil des Paris dargestellt. Die Composition geht auf eine Handzeichnung Raphael's zurück,[1]) die sich aber nur in Stichen von Marcanton (B. 245) und Marco da Ravenna (B. 246) erhalten hat. Ein Rundschild desselben Meisters im Zeughause zu Berlin (Nr. 6477) enthält die gleiche Scene nach Marcanton genommen mit einigen Varianten. Der vorliegende Schild weicht dadurch, dass die Frauengestalten sämmtlich bekleidet erscheinen, noch weiter vom Originale Raphael's ab, das Costüm verräth die Mantuanische Schule. Dem Vermuthen nach gelangten beide Stücke als ein Geschenk des Herzogs Wilhelm von Mantua 1562 an dessen Schwager, den Kaiser Maximilian II. Die ornamentalen Beigaben, sowie die ganze technische Behandlung weisen auf die Werkstätte des Lucio Piccinino in Mailand.[2])

Tafel XXVII.

1. Geweihtes Schwert. Der 0·45 Meter lange Griff von Silber und vergoldet, besitzt einen reich verzierten Knauf, auf welchem das Wappen des Papstes Pius V. (Ghislieri) ersichtlich ist. Die Parirstangen stellen liegende Hermen dar. Die flache, breite, 1·17 Meter lange, bis zur Hälfte vergoldete Klinge trägt die Inschrift: PIVS·V·PONTIFEX·OPTIMVS·MAXIMVS·ANNO II. (1568.) Die Scheide (1 a) ist mit durchbrochenen Verzierungen in vergoldetem Silber belegt, unter welcher man in Medaillon mit dem Bildnisse des Papstes, die Heiligen Petrus und Paulus, ferner die Inschrift PIVS·V·P·M·A·II erblickt. Auf dem in Gold gewebten Gürtel wiederholen sich gleichfalls die Wappen und Insignien des Kirchenoberhauptes.

In den Verlassenschafts-Inventaren nach dem Ableben des Erzherzogs Ferdinand von Tirol, aufgenommen 1596, wird das Schwert mit dem folgenden Nachsatze

---

[1]) Vasari Vite. Edit. Milanesi. V., p. 411.
[2]) Boeheim W. Mailander Waffenschmiede Jahrbuch der kunsthist. Sammlungen, Bd. IX.

erwähnt: »solliches schwert hat irer fürstlich durchlaucht erzherzog Ferdinanden etc. babst Pius der funfft presentiren lassen.«

2. Geweihtes Schwert. Dasselbe besitzt die ansehnliche Gesammtlänge von 166 Centimeter. Sein Griff ist von Silber und vergoldet. Der Knauf enthält das Wappen des Papstes Gregor XIII. (Buoncompagno), dessen Figur, ein wachsender Drache, auch dort, wie an mehreren anderen Punkten als Decorationsmotiv erscheint. Die Scheide (2a), gleichfalls mit durchbrochenen Verzierungen in vergoldetem Silber belegt, sowie der in Gold gewebte Gürtel trägt wiederholt das Wappen des Papstes. Auf dem vergoldeten Gürtelbeschläge liest man die Inschrift: »GREGORIVS· DECIMVS·TERTIVS·PONTIFEX·MAXIMVS·A·XI.« (1583.)

In dem oben angeführten Verlassenschafts-Inventare von 1596 heisst es bei Erwähnung dieses Schwertes: »und hat solliches schwert der pabst Gregorius der 13. ir fürstlich durchlaucht (Erzherzog Ferdinand) den 9. mail anno 1582 (sic!?) durch den bischof Sporeno presentiren lassen.«

Tafel XXVIII.

1. Ungarisches Schwert mit arabischer Klinge des Georg von Thuri. Der Griff ist aus vergoldetem Silber. Die breite flache Klinge besitzt Verzierungen in Tausia von sehr blassem arabischen Gold, ferner in arabischer Schrift und Sprache den Anfangsvers der 48. Sura des Korans (Sura des Sieges):

»Fürwahr, wir haben dir einen offenbaren Sieg verliehen, damit dir Gott deine früheren und spätern Sünden verzeihe.«

Weiters die Worte: »Hat es gemacht Muhammed Al Anmari«, d. i. Muhammed der Medinenser.

Georg von Thuri, aus einer altadeligen Familie Ungarns, war 1566 Befehlshaber der Festung Paluta, nahm bei Raab den Pascha von Stuhlweissenburg gefangen und fiel 1571 gegen die Türken bei Kanizsa.

2. Prunkdegen. Der Griff ist äusserst zierlich geschnitten, vergoldet und mit kaltem Email geziert, das zum grössten Theile ausgebrochen ist. Der Knauf, sowie die Enden der Parirstangen bilden vortrefflich modellirte Mohrenköpfe. Die geflammte Klinge ist aus einer geraden zugeschliffen worden. Italienisch, um 1590.

3. Spanischer Degen. Der Griff ist aus grauem Eisen, von zierlich geschnittener Arbeit. Auf dem cylindrischen Knaufe ist ein Reitergefecht dargestellt. Die lange feine Klinge trägt die Marke und den Namen des Fertigers der berühmten »Thomasklingen«, Thomas Ayala von Toledo, der am Beginne des XVII. Jahrhunderts arbeitete.

— 16 —

4. Deutscher Rappier. Der Griff mit doppeltem Faustschutzbügel ist von geschwärztem Eisen und mit Rankenornament in aufgeschlagener Silbertausia verziert. Die lange schmale Klinge trägt die eingeschlagene Marke und den Namen des Solinger Klingenschmiedes Meves Berns, ferner die Jahreszahl 1613 in Kupfer tauschirt.

1579 an den Erzherzog Ferdinand von Tirol, der es seiner Sammlung von Waffen berühmter Männer in Ambras einverleibte.[1]

Alessandro Farnese, geboren 1544, zeichnete sich schon in der Schlacht bei Lepanto aus und zählt zu den berühmtesten Feldherrn aller Zeiten. Von 1578 bis zu seinem Tode 1592 verwaltete er auf das trefflichste die Niederlande.[2]

Tafel XXIX.

Vorder- und Rückseite eines ganzen Prunkharnisches des Alessandro Farnese, Herzog von Parma. Derselbe ist blau angelaufen und auf allen Flächen mit getriebenen vergoldeten und versilberten, mit zahlreichen Figuren, Mascarons und Festons gezierten breiten Streifen ausgestattet, die unter sich wieder durch Fruchtguirlanden verbunden sind. Die Fütterung von Seide, sowie die Vorstosse aus blauem mit Goldbörtchen gerändertem Sammt sind noch grösstentheils vorhanden.

Auf dem geschlossenen Helm zeigt sich Venus, Amor und Apoll, Krieger, Putti u. dgl., auf der Mitte des Visirs ein Imperator mit Speer und Schild. Statt des Kammes sitzt auf gegliedertem Dorn eine frei plastisch gearbeitete Harpye auf dem Scheitelstücke. Auf den Achseln erblickt man gehörnte Mascarons, Göttergestalten und Allegorien. Auf der Mitte der schneidig gebildeten Brust ist ein Medusenhaupt, darunter David mit dem Schwerte des Goliath dargestellt; auf dem Rücken Jupiter auf dem Adler sitzend u. dgl. Aehnlich ist das Beinzeug, welches für Panzerschuhe eingerichtet ist, ausgestattet.

Der Harnisch zählt zu den vollendetsten Werken der Kunst im Waffengebiete, er trägt durch seinen Stil, wie durch seine Technik den Typus der Mailänder Arbeiten an sich. Morigia bemerkt in seinem Werke «La Nobilta di Milano» [3], dass der noch jetzt (1595) lebende Lucio Piccinino in der Auszierung des Eisens im Relief mit Figuren, wie Thiere und Grotesken etc., ebenso wie in der Tausia Werke geschaffen habe, welche zu den kostbarsten und ausserlesensten (cose rare) zählen; so habe er auch einen unvergleichlich schönen Harnisch (Armatura) für Seine Gnaden den Herzog von Parma Alessandro Farnese und für andere Prinzen gefertigt. Erwägt man weiters, dass dieser Harnisch vollkommen das Gepräge der Arbeiten Lucio's an sich trägt und bei dem hohen Preise von derlei Schutzwaffen kaum anzunehmen ist, dass der Prinz mehrere Prunkrüstungen von so reicher Ausstattung gehabt hat, so können wir das vorliegende Werk sicher als eine Arbeit Lucio Piccinino's erklären. Seiner Form nach datirt es von c. 1570.

Dieses Meisterwerk mailändischer Waffenschmiedekunst gelangte über Vermittlung des Grafen Hannibal von Hohenembs als Geschenk des Herzogs Alessandro

Tafel XXX.

1. Prunkdegen des Don Juan d'Austria. Der Griff von Eisen ist durchbrochen gearbeitet, vergoldet und mit aufgeschlagenen Silberperlen geziert. Die Paristangen, sowie die Faustschutzbügel stellen Ketten dar. Dabei befindet sich noch die Scheide und das Gehänge von schwarzem Sammt. Die Taschen des letzteren sind mit breiten Ornamenten in Goldstickerei geziert.

Die Arbeit des Degens ist mailändisch; der Meister, wahrscheinlich Lucio Piccinino, fertigte von diesem Muster des Griffes viele Wiederholungen. Ein gleiches Stück befand sich bis 1848 in der kaiserlichen Waffensammlung im Zeughause zu Wien,[3] ein zweites findet sich im Zeughause der Eremitage in St. Petersburg, ein drittes im Musée d'Artillerie in Paris.

Don Juan d'Austria, der berühmte Feldherr und Sieger in der Schlacht bei Lepanto, ist der natürliche Sohn des Kaisers Carl V. Er wurde 1547 geboren und starb 1577.

2. Degen. Der Griff ist mit vollendeter Meisterschaft in Eisen geschnitten. Der cylindrische Knauf ist mit ebenso reizend erfundenen, als mit ungemeiner Zierlichkeit ausgeführten Arabesken geschmückt, zwischen welchen graziös bewegte Frauengestalten erscheinen. Die Klinge trägt die oberflächlich nachgeahmten Marken des Juan Martinez in Toledo, dabei aber in den Illustrinnen den Namen: Pietro Formicano in Padua. Um 1580

3. Rappier. Der Griff ist aus ciselirtem Silber. In dem bereits nach vorne abgebogenen Knaufe ist die Büste eines Mannes mit antikem Helme auf dem Haupte. Die Klinge trägt die aus Tafel XXVIII, 3, bekannten Marken und den Namen des Klingenschmiedes Thomas Ayala in Toledo. XVII. Jahrhundert, erste Hälfte.

[1] Hirn J. Erzherzog Ferdinand II. von Tirol. Innsbruck 1888.
[2] Boeheim W. Mailänder Waffenschmiede. Jahrb. der kunsthist. Sammlungen. Bd. IX.
[3] Leber Fr. v. Wiens kaiserliches Zeughaus. Wien 1847.

[1] Morigia Paolo. La Nobiltà de Milano. Milano 1595.

Degen. Der Griff besteht aus grauem Eisen mit geschnittenen Verzierungen. Die Klinge trägt die Marke

und den Namen des Klingenschmiedes Weilm (Wilhelm) Klein in Solingen. XVII. Jahrhundert.

Tafel XXXI.

1. **Halber Prunkharnisch des Agostino Barbarigo.** Derselbe ist mit Oelfarbe geschwärzt, theilweise mit getriebenen Ornamenten und breiten geätzten und vergoldeten Rändern geziert. Das Haupt deckt eine deutsche Sturmhaube mit Vorsteckbart, die Brust ist geschoben und rings um den Hals mit einem Gewinde aus Blumen und Früchten in Treibarbeit ausgestattet. Dabei befindet sich noch eine leichte italienische Haube von gleicher Ausstattung als Wechselstück. Die Federhülse ist nach italienischer Art seitlich angebracht.

Der Harnisch, sehr dünn im Eisen, diente für den Gebrauch zur See, seinen Formen und seiner Ausstattung nach reiht er sich unter die gleichzeitigen Mantuaner Arbeiten unter dem Einflusse der Ghisi.

Agostino Barbarigo stand in den Diensten der Republik Venedig und war einer der Befehlshaber der venetianischen Flotte in der Schlacht bei Lepanto. Nach bereits errungenem Siege starb er, von einem Pfeile getroffen, am Abende des Schlachttages, 7. October 1571.

2. **Halber Prunkharnisch und Rundschild des Don Juan d'Austria.** Dieselben sind in röthlichem Schimmer (alla sanguigna) geblaut und mit breiten, ornamentirten Streifen geziert, welche theils in Gold tauschirt, theils gepunzt und vergoldet sind. Deren Ränder sind mit kleinen Perlen in aufgeschlagener Silbertausia besetzt. Diese Streifen enthalten Medaillons, in welchen sich figurale Darstellungen finden, welche zumeist Allegorien enthalten, aber auch theils der Mythologie entnommen sind, und auf die Macht der Liebe und den Ruhm eines Feldherrn anspielen. Das Auftreten von türkischen Gefangenen darunter lässt erkennen, dass der Harnisch nach der Schlacht bei Lepanto, zwischen 1571 und 1577, angefertigt wurde.

Der Harnisch, italienische, wahrscheinlich Mailänder Arbeit, ist von ausgezeichneter Gesammtwirkung, nur in den Details, namentlich in den figuralen Partien, ist die Ausführung bei erkennbarer tüchtiger Zeichnung unbeholfen.

Don Juan d'Austria, bekanntlich ein natürlicher Sohn des Kaisers Carl V. von der Regensburgerin Barbara Blumberg, zählt durch seine kriegerischen Leistungen und besonders durch den unter seinem Oberbefehle errungenen Sieg bei Lepanto zu den berühmtesten Feldherren. Er starb 1577.

Tafel XXXII.

1. **Spiess mit doppelter Schiessvorrichtung mit Springklinge.** Auf allen Theilen verbreitet sich zierliches Band- und Schlingornament in Schwarzätzung. Weder auf den Läufen, welche in den Rinnen der Stichblätter ruhen, noch auf den Platten der kleinen Radschlösser findet sich ein Meisterzeichen, doch erblickt man auf beiden Seiten der Dille das Zeichen der Augsburger Beschau: »den Stadtpyr«. Um 1570.

2. **Faustrohr mit Hinterladevorrichtung und Repetirmechanismus.** Das System, einrohrig, mit sechsschüssiger Trommel ist ganz jenes, welches nahezu drei Jahrhunderte später der amerikanische Oberst Colt für seine Revolver zur Grundlage genommen hat, mit dem Unterschiede, dass die Drehung der Trommel nicht selbstthätig ist und die Abfeuerung, statt wie später durch Percussion, mittelst des Radschlosses erfolgt. Die Stellung der Trommel zum Laufe wird durch eine Stellfeder an der oberen Lauffläche regulirt. Das Faustrohr ist einfach ausgestattet und ist nur die Alterkugel mit Einlagen von Messingdraht verziert. Vermuthlich Niederländisch, um 1590, ohne Zeichen.

3. **Faustrohr mit Hinterladevorrichtung**, mit Repetirmechanismus, gleich dem vorigen, jedoch reicher ausgestattet. Die sechsschüssige Trommel besitzt eine Auflage von durchbrochenem Messing, in welchem der böhmische Löwe und eine Jagdscene dargestellt ist. Das Costüm des Jägers ist jenes vom Ende des XVI. Jahrhunderts. Der Schaft ist in Linien verziert. Auf der Schlossplatte erscheint das nebenstehende Zeichen:

Deutsch, um 1590.

4, 4a. **Ein Paar Faustrohre mit Radschloss.** Die Eisentheile sind zierlich geschnitten. Der Lauf besteht aus italienischem Banddamask. Der Schaft ist mit ungemein fein durchbrochenen und gravirten Einlagen in Eisen ausgestattet, eine Zier, welche hier an Brescianer Arbeiten des XVII. Jahrhunderts vor Augen kommt. An den inneren Seiten findet sich je ein gedrehter gebildeter Gürtelhaken. Ohne Zeichen. Um 1660.

5, 5a. **Ein Paar Faustrohre mit Radschloss.** Die glatten Läufe sind geblaut und mit Verzierungen, theils in Schwarzätzung, theils in Goldtausia ausgestattet. Die Schäfte sind an den Kanten mit eingelegtem, gedrehtem Messingdraht berandet. Das Kolbenende besitzt ein Randbeschläge von Messing mit zierlichem, geätztem Ornament. Um 1590.

6. **Kleines Arkebusierrohr.** Lauf und Radschloss sind sehr einfach gehalten. Der Schaft aus Birnholz mit italienischem Kolben ist reich in Elfenbein einge-

legt. Die Ornamente mit figuralem Beiwerk, Allegorien und Phantasiefiguren, verrathen den niederländischen Stil. An der Anschlagseite zeigt sich in einer Cartouche ein Segelschiff. Ohne Zeichen. Um 1590.

7. Partisane mit doppelter Schiessvorrichtung.
Alle Theile bis zu den Schaftledern herab sind mit feinen Verzierungen in schwarzer und vergoldeter Aetzung ausgestattet. Die Läufe ruhen an beiden Seiten des Stichblattes in Rinnen, unter selben befinden sich die kleinen Radschlösser. Auf der Platte des einen zeigt sich der Büchsenmacherstempel:

⚜

Stil der Augsburger Arbeiten, um 1570.

Tafel XXXIII.
Ganzer Prunkharnisch des Kaisers Rudolf II.

Derselbe zählt zu den hervorragendsten Kunstwerken im Waffengebiete und wird in der meisterhaften Composition und in der bewunderungswerthen technischen Ausführung seiner decorativen Ausstattung selbst nicht von den berühmtesten Prunkharnischen, welche sich bis jetzt noch erhalten haben, übertroffen. Der Grund ist mattgrau gehalten, von selben erheben sich geschmackvoll gezeichnete Arabesken mit eingestreuten allegorischen und mythologischen Darstellungen in vollendeter Durchbildung der Details. In den figuralen Scenen sind die nackten Theile blank gehalten, die Draperien und das Laubwerk, ebenso wie die Randborduren sind in seicht eingeschlagener Tausia in Gold und Silber gehöht. Die bildlichen Darstellungen zeigen mehrere Thaten des Hercules, und zwar in der Mitte der Brust den ruhenden Heros in goldenem Schuppenpanzer; zur Rechten Hercules den Löwen bändigend, zur Linken den Kampf mit der lernäischen Hydra. Auf den Vorderflügeln der Achseln, Hercules mit Antäus ringend. Auf dem Rücken in der Mitte, Hercules die Säule tragend, zur Rechten die Einfangung des kretensischen Stieres, zur Linken den Kampf mit dem nemäischen Löwen.

Nach Hefner-Alteneck haben sich im königlichen Kupferstich-Cabinete zu München Handzeichnungen gefunden, welche einzelne Partien der Decoration dieses Harnisches darstellen.[1] Diese Blätter werden von dem Autor dem Hofmaler Herzogs Wilhelm V. von Baiern, Christof Schwarz aus Ingolstadt (gest. 1594), zugeschrieben und auf Grund dieser Annahme wird weiter gefolgert, dass der genannte Meister den Entwurf zur decorativen Auszierung dieses Harnisches geliefert habe. Wiewohl gerade nichts gegen die erstere Annahme spricht, so enthehrt dieselbe doch jener Argumente, welche nach den heutigen Forschungsmethoden zu einer Beweisführung nöthig sind. Indessen erweist der Anblick, dass wir in dem Fertiger des Entwurfes einen vollständig von der italienischen Ornamentistenschule beeinflussten deutschen Meister zu erblicken haben, der sich ganz wohl in den Kreis der Künstler des baierischen Hofes einreihen lässt. In der Ausführung sind zum wenigsten zwei verschiedene Hände zu erkennen. Am nächsten steht die technische Behandlung den Arbeiten des Anton Eisenhoit.

Kaiser Rudolf II., einer der grössten Freunde und Förderer der Kunst, ist 1552 geboren und starb 1612.

Tafel XXXIV.

1. Ganzer Prunkharnisch, blank mit breiten Strichen in seichter Goldtausia und mit aufgeschlagenen Silberperlen geziert. Unter den im selben eingestreuten Darstellungen erscheinen Figuren in Fussknechttracht, wie selbe in »Fronsperger's Kriegsbuch« häufig erscheinen. In einem Medaillon des rechten Diechlings (Oberschenkelschiene) zeigt sich die Jahreszahl 1582.

Ebenso wie der ursprüngliche Eigenthümer, so ist auch der Meister dieses schönen Harnisches unbekannt. Die Arbeit ist sehr ähnlich einer bekannten des Hofplattners des Erzherzogs Ferdinand von Tirol in Innsbruck, Caspar Topff. Der Harnisch gelangte aus dem Arsenale in die Sammlung, welchem im vorigen Jahrhundert die Gegenstände sowohl der kaiserlichen Harnischkammer zu Wien, als der erzherzoglichen zu Graz übergeben wurden. Topff war nachweislich für den Hof zu Graz beschäftigt; es ware daher die Vermuthung gestattet, dass der Harnisch Erzherzog Carl von Steiermark angehörte.[1]

Ganzer Harnisch zum neuen welschen Gestech des Erzherzogs Albrecht VII. Derselbe ist von grauem Eisen, durchaus mit gepunzten und vergoldeten Ornamenten bedeckt, in welchen zahlreich die in einander verschlungenen Buchstaben I und S erscheinen. Dieser Harnisch bildet nur einen Theil einer grösseren Garnitur auch für den Feldgebrauch, denn der Erzherzog ist in einem ganz gleich ausgestatteten Feldharnisch gekleidet in einem Gemälde eines unbekannten Meisters dargestellt, welches sich im königlichen Museum zu Brüssel befindet. Einzelne Theile dieser Garnitur, zumeist dem Rosszeuge angehörend, werden noch in diesem Museum bewahrt. Albrecht VII. trug diesen Harnisch bei seinem Einzuge in Brüssel 1583 und in der Schlacht bei Nieuport 1600. Die verschlungenen Buchstaben I und S bilden ohne Zweifel das Monogramm der Gemahlin des Prinzen, Isabella Clara Eugenia (1566–1633). Der Harnisch, von ungefähr 1580 datirend, ist vermuthlich spanische Arbeit.[2] Nach den

---
[1] Hefner-Alteneck, Th. v. Entwürfe deutscher Meister für die Könige von Frankreich. München 1891. 2. Auflage

---
[1] Leitner Quirin. Die Waffensammlung des Oesterr. Kaiserhauses, Wien 1866–1870.
[2] Van Vinkeroy E. Catalogue des armes et armures. Bruxelles 1885.
Desirée J. L'armure de parade de l'Archiduc Albert. Annales de la Société d'Archéologie de Bruxelles 1886.

Angaben in den alten Inventaren wurde die Garnitur, damals noch vollständig, auf 4000 Gulden geschätzt. Albrecht VII., auch der Fromme genannt, ist 1559 geboren. Zum geistlichen Stande bestimmt, erhielt er mit 18 Jahren den Cardinalshut und wurde Erzbischof von Toledo. Später entsagte er dem geistlichen Stande, vermälte sich mit der Infantin Isabella, Tochter Königs Philipp II. von Spanien. Ungeachtet beständiger Kämpfe hinterliess er in den Niederlanden das Andenken an einen trefflichen Regenten. Er starb 1621.

Tafel XXXV.

1. **Halber Harnisch des Kaisers Rudolf II.** Derselbe ist blank, mit theils in schwarzer, theils in vergoldeter Aetzung verzierten Strichen und Rändern. Unzweifelhaft ursprünglich ein «ganzer» Harnisch, von welchem im Laufe der Zeiten das Beinzeug abhanden gekommen ist, trägt er in Form und decorativer Ausstattung den Typus der Augsburger Harnische um 1570 an sich. Das Bruststück erscheint bereits ohne Rüsthaken.

In diesem Harnisch gekleidet ist der Kaiser als Herzog von Burgund in einem Stiche von Martin Rota 1574 dargestellt. Ein zweiter, in den Gesichtszügen etwas veränderter Abdruck derselben Platte trägt die Jahrzahl 1577 (Bartsch 97). Ein zweites Mal erscheint Rudolf II. als Kaiser in demselben Harnisch in einem Stiche von Aegydius Sadeler von 1609.

2. **Halber Prunkharnisch des Niclas Christof von Radzivil, Herzog von Olyka.** Der Harnisch mit deutscher Sturmhaube zählt in Folge seiner ebenso geschmackvollen als wirksamen Auszierung zu den schönsten der Sammlung. Ueber die ganze Oberfläche breiten sich Bandornamente, welche theils vergoldet, theils in rother und schwarzer Farbe in kaltem Email gehalten sind. Den Grund bildet ein Muster von feinen Schnecken, welche geätzt und dessen Vertiefungen mit kaltem Email in opakem Weiss ausgefüllt sind. Diese Technik tritt originell und hier ganz vereinzelt auf. Die Arbeit datirt um 1575. Der Meister ist unbekannt, eine Marke ist nicht vorhanden.

Niclas von Radzivil, Herzog von Olyka und Nieswiesz, Fürst des heiligen römischen Reiches, ist 1549 geboren, er focht gegen die Russen und wurde bei der Belagerung von Polozk verwundet. Später machte er eine Pilgerreise nach Jerusalem, die er in einem Werke[1]) in polnischer und lateinischer Sprache beschrieb. Er starb 1616.

Tafel XXXVI.

1. **Italienischer Raufdegen**, mit unbiegsamer mailändischer Klinge. Der Griff, mit schön ornamentirtem, durchbrochen gearbeitetem Korbe, ist von blankem Eisen. Brescianer Arbeit, um 1590.

[1]) Peregrinatio Hierosolymitana Braunsberg 1601.

1a. **Parirdolch**, sogenannte «Linke Hand», zu oben beschriebenem Stecher gehörig und mit selbem gleich ornamentirt. Er diente nach spanisch-italienischer Fechtweise zur Ausführung der Paraden mit der linken Hand.

2. **Italienisches Rappier.** Knauf und Stichblatt sind zierlich in Eisen geschnitten. Zwischen den Blattornamenten erblickt man kämpfende Reiter, sowie Frauengestalten. Um 1630.

3. **Dolch.** Die orientalische Klinge trägt auf dem Ansatze eine arabische Inschrift. Der Griff aus vergoldetem Silber ist mit gravirten Ornamenten gezirt. Der Knauf besteht aus einer türkisfarbigen Emailmasse. Die Scheide von Leder besitzt Beschläge von vergoldetem und mit Gravuren ausgestattetem Silber, welche dicht mit schönen Cameen besetzt sind. Um 1610.

4 und 5. **Zwei Schwertgriffe mit den Ortbändern** ihrer Scheiden, von geschnittenem Eisen, geblaut und theils vergoldet. Vermuthlich Prager Arbeit, um 1610.

6. **Kleine Reiterflinte.** Der Lauf und das Schlossblech, wie sämmtliche übrige Metallbestandtheile sind aus Messing. Das Schloss ist ein ausgebildetes Flintenschloss mit eisernem Hahn und Batterie. Der Schaft ist geschwärzt. Auf der Schlossplatte liest man: «Felix Werder, Tiguri (Zürich) 1652.» Bisher datirte man die früheste Anwendung des Flintenschlosses in das Jahr 1654, aus welchem Jahre eines der von Philippe Cordier d'Aubeville in Paris (1635—1665) herausgegebenen geschochenen Blätter datirt, in welchem ein solches abgebildet ist. Wie wir hier sehen, ist seine Anwendung früher zu setzen und die Priorität wendet sich nach der Schweiz.

7. **Kleine italienische Reiterflinte.** Der Lauf ist aussen gerifelt. Das Flintenschloss mit Schnapphahnbatterie, sowie die Beschläge sind zierlich in Eisen geschnitten, und ist überdies der Schaft mit fein durchbrochenen Einlagen in Eisen geziert. Auf dem Laufe liest man den Namen des berühmten Brescianer Laufschmiedes Lazarino Cominazzo. Lazarino, der Sohn des alten Lazaro, starb 1696 zu Gardone. Brescianer Arbeit, um 1660.

Tafel XXXVII.

1. **Prunkharnisch, dem Kaiser Mathias zugeschrieben.** Derselbe ist mit getriebenen Ornamenten ausgestattet, zwischen welchen figurale Darstellungen, Allegorien enthaltend, eingestreut sind. Der ganze Harnisch ist vergoldet, nur die nackten Theile der Figuren sind versilbert. Das Bruststück zeigt noch Löcher für einen schwachen Rüsthaken. Die ornamentale Ausstattung ist ungeachtet einer fleissigen Ausführung doch etwas breit und lässt bereits den Uebergang in die Barocke erkennen. Immerhin ist sie, wenn auch nur auf

den Effect berechnet, schön und stilvoll. Deutsch, um 1590. Dass der Harnisch Kaiser Mathias angehörte, beruht nur auf Tradition.

2. Halber Fussknechtharnisch, aus Sturmhaube, Kragen mit Achselstücken (Spangeröls), Brust und Rücken bestehend, blank, an allen Flächen, mit Arabesken, figuralen Darstellungen und mit heraldischen Emblemen in Schwarzätzung ausgestattet. Auf der Sturmhaube findet sich der Nürnberger Adler (die Harpye), ferner zeigen sich die drei Schildlein der Malerzunft mit dem Aetzmalermonogramm A. F. Am oberen Brustrande die Wappen der Nürnberger Losungsherren; Behaim, Haller, Pömer und Führer von Heimendorf. An den beiden Seiten der Brust erblickt man in Medaillons allegorische Figuren; am Rücken die drei Nürnberger Wappen: Doppeladler, Harpye und das getheilte mit dem halben Adler und den vier Schrägbalken, ferner die Jahrzahl 1616. Der Harnisch, welcher das Plattenzeichen H. F. trägt, gehörte einem Trabanten der Reichsstadt Nürnberg.

Tafel XXXVIII.

1. Schwert. Griff und Scheide, 1, a, sind aus vergoldetem Silber. Ersterer ist nur mässig verziert. Die Klinge ist um vieles älter und datirt ihren auf der Tafel deutlich sichtbaren, in Gold eingelegten Marken nach aus dem XIV. Jahrhundert. Die Scheide ist in vergoldetem Silber, durchbrochen gearbeitet und an einzelnen Stellen zierlich geschnitten. Zunächst dem Mundblech erblickt man auf einer Rundplatte eingravirt an der Vorderseite das österreichisch-burgundische Wappen mit dem schlesischen im Herzschilde, ringsherum den Namen und Titel des Erzherzogs Mathias als ungarischer König. Auf der Kehrseite in einem gleichgrossen Plättchen das Wappen der Stadt Hradisch mit der Umschrift: »Arma regiae civitatis Hradist 1608.«

Die Stadt Hradisch war nämlich durch ein Privilegium Wladislaw II. von 1472 von Steuern befreit und nur verpflichtet, ein Schwert im Werthe von 30 Ducaten dem Landesfürsten zu überreichen. Hier sehen wir eines dieser Tributschwerter.[1]

2. Prunkdegen. Der Griff zählt zu den bedeutendsten Kunstwerken der Eisenschneidekunst. Auf dem Knaufe wie auf dem Mitteleisen und Kampfe des Hercules dargestellt. Auf dem Griffbügel und der Parirstange ungemein grazkiös modellirte Frauengestalten und Putti. Die erst später eingestossene Klinge trägt den Namen des Hortuno de Aguire, vermuthlich des jüngeren. Um 1650.

3. Degen des Erzherzogs Leopold V. von Tirol. Der Griff ist in ungemein geschmackvoller Zeichnung in Eisen geschnitten. Der italienische Meister dürfte derselbe sein, welcher auch den Griff des Rappiers.

---
[1] Dudik, Dr. Bela. Forschungen in Schweden.

Tafel XXXVI, 2, gefertigt hatte. Die etwas zu schwere und gewiss nicht zugehörige Schwertklinge trägt die Phönixmarke

und den Namen des berühmten Klingenschmiedes Hortuno (de Aguire jun.) in Toledo. Um 1630.

4. Degen. Die Fassung ist aus geschnittenem Eisen, der Handgriff mit geflochtenem Silberdraht umwunden. Auf dem Knaufe ist der Kopf eines Mannes mit einem Lorbeerkranze dargestellt, in welchem man ehemals ein Bildniss Cromwell's zu erkennen glaubte. Auf der vermuthlich französischen Klinge sind lateinische Inschriften und Ornamente eingeätzt. Um 1650.

5. Kleiner Stecher, mit Griff aus blankem Stahl und durchbrochen gearbeitet. Auf der scharf gerippten Klinge liest man die Inschrift: »Si Deus pro nobis« etc., ferner gewahrt man die Gestalt eines Helden, nach einer undeutlichen Beischrift jene Hannibals. Um 1650.

6. Kleiner Hofdegen, mit Griff aus Onyx und Beschlägen in Reliefemail. Die feine Klinge trägt eingeätzt die Inschrift: »Lustig bin ich, wer es nicht glaubt, der probir mich«. Anno 1661. Dabei die Lederscheide.

7. Kleiner Hofdegen, mit Griff aus Bergkrystall. Die Goldbeschläge des Griffes und der Scheide sind mit Cameen besetzt. Die französische Klinge trägt Spuren von gravirten Inschriften und die Jahrzahl 1649.

Tafel XXXIX.

1. Jagdflinte, mit geschnittenem Schafte und meisterhaft geschnittenen Eisentheilen. Vorzüglich ist der Lauf von ausgezeichneter Arbeit. Man erblickt an dessen Oberseite in stilvoller Zeichnung einen Aufsatz mit Gefangenen und Trophäen in Relief, bei welchem die Gestalt des Herzogs Carl Leopold V. von Lothringen zu Pferde zu erblicken ist.[1] Auch auf dem sogenannten Daumenplättchen erscheint das Brustbild dieses Prinzen. Ebenso wie der Lauf, sind auch das Flintenschloss, die Beschläge mit Mascarons und Schlingornamenten reich verziert. An mehreren Stellen findet sich der Name des Meisters: »Hongarde à Dusseldorp« eingravirt.

Die beiden zugehörigen Jagdpistolen 1, a und b sind von gleicher musterhafter Ausführung.

Der Stil der herrlich schönen Ornamente ist jener des Jean Berain des Aelteren, der in der zweiten Hälfte des XVII. Jahrhunderts das französische Kunsthandwerk

---
[1] Nach einem Gemälde von Wilhelm Wissing, in Schabmanier, gestochen von Jakob Gole. Ein Porträt dieses Prinzen in sehr ähnlicher Stellung existirt auch von Johann Jakob Thourneyser.

beherrschte und auch über die Grenze Frankreichs hinaus, besonders in den Niederlanden, bedeutenden Einfluss gewann. (Gest. 1711.)

Armand Bongarde in Düsseldorf, über dessen Lebensumstände wenig bekannt geworden ist, stammte vermuthlich aus den Niederlanden. Werke von seiner Hand werden schon im vorigen Jahrhundert in Reisewerken gerühmt. Gegenwärtig werden bedeutendere Arbeiten von ihm noch in Paris und Dresden bewahrt.

Nach den hier zu Tage tretenden Umständen ist zu schliessen, dass diese Jagdgarnitur im Jahre 1678 als ein Hochzeitsgeschenk vom Pfalz-Neuburg'schen Hofe an den siegreichen Herzog, Schwager und Liebling des Kaisers Leopold I., gekommen ist.[1])

Carl Leopold V. von Lothringen, der ruhmreiche Sieger über die Türken und Befreier Wiens, ist zu Wien 1643 geboren und starb zu Wels 18. April 1690.

2. **Jagdgewehr** von ähnlicher Ausstattung wie das vorherbeschriebene und nicht minder meisterhafter Composition und Ausführung. Der reich geschnitzte Schaft ist aus Eschenfladerholz, die graziös gezeichneten Reliefs an den Eisentheilen stehen auf Goldgrund. Auf dem Laufe erblickt man das Bildniss des Markgrafen Ludwig Wilhelm I. von Baden, nach einem Gemälde von Philipp Heinrich Müller von 1693. Auf den Daumenplättchen erscheint das Brustbild des zur Zeit noch römischen Königs Josef I. nach einer Medaille von 1702 wiedergegeben, welche Philipp Christoph von Becker auf die Eroberung Landaus fertigte.

Dabei befinden sich die zur Garnitur gehörenden **Jagdpistolen 2, a** und **b** von gleicher Ausstattung.

Die Garnitur ist aller Wahrscheinlichkeit ein Geschenk der Königin Amalie Wilhelmine, Gemahlin Josefs I., an den genannten Feldherrn 1702.

Markgraf Ludwig Wilhelm von Baden, der Sieger von Szalankemen 1691, wurde zu Paris 1655 geboren und starb zu Rastadt den 4. Jänner 1707.

Viele Einzelheiten in den Compositionen vereinigen sich dahin, dass die unvergleichlich schöne Garnitur ein Werk des berühmten Eisenschneiders und Medailleurs Philipp Christoph von Becker ist. Derselbe ist 1676 zu Coblenz geboren und starb zu Wien 8. Mai 1743.[2])

Tafel XL.

1. **Jagdarmrust** des Königs Ludwig XII. von Frankreich. Der Bogen wie sämmtliche Metalltheile sind vergoldet, ersterer gravirt, letztere geschnitten. Die Säule von Holz ist in Elfenbein eingelegt. Unterhalb des Bogens finden sich gemalt die Wappen von Frankreich und Mailand. Die Nuss ist freischwebend. Unterhalb derselben erblickt man in einem Herz die

[1]) Boeheim, Wendelin. Ueber einige Jagdwaffen und Jagdgewehre. Jahrbuch der kunsthist. Sammlungen, Bd. V.
[2]) Boeheim l. c.

Wappenfiguren der Anna von Bretagne (1476—1514), das »Hermelinschwänzchen«, umgeben von der Cordelière, darunter das Sinnbild des Ordens vom Stachelschwein (porc-épic, gegründet 1391) in seiner späteren Gestalt unter Ludwig XII. (1462—1515). Auf dem Bogen findet sich ein wahrscheinlich italienisches Schmiedezeichen. Die Sehne ist abgängig.

Nach dieser Zusammenstellung der emblematischen Darstellungen ist das Alter der Armrust nicht früher als 1499 anzunehmen. Sie dürfte 1502 als Geschenk an Erzherzog Philipp I. von Oesterreich gekommen sein, der in diesem Jahre der Gast Ludwigs XII. zu Blois gewesen war.

1, a. **Armrustwinde**, sogenannte englische Winde, zur Armrust 1 gehörig. Dieselbe bildet einen Flaschenzug und besitzt einen Haken zum Anhängen an den Gürtel. Alle Metalltheile sind schön geschnitten und vergoldet, das Spannseil ist original.

2. **Jagdarmrust des Kaisers Maximilian I.** Der Bogen ist von Eisen und vergoldet und ist auf selbem in Lapidarlettern eingravirt, der Wahlspruch des Kaisers als Mitglied des Ordens der Mässigkeit »Halt Mas« zweimal zu lesen. Die Sehne ist original. Die Säule von Holz ist mit feinem Lack überzogen, auf welchem in Gold und Silber gemalt Sprüche aus den Psalmen, wie »Da pacem Domine in diebus nostris« etc. zu lesen sind. Die Nuss ist freischwebend, der Abzug ist durch einen kleinen Hebel zu sperren. Italienisch, um 1510.

3. **Jagdarmrust mit Stahlbogen**, sogenannter Pürschstahl des römischen Königs, späteren Kaisers Maximilian II. Auf der oberen Fläche des Bogens sind in Schwarzätzung und gewandter Zeichnung die Wappen von 13 habsburgischen Ländern, auf der Unterfläche aber originelle Turnierscenen dargestellt. Die Säule ist mit Ellenbein belegt, welches theils in Relief geschnitzt, theils gravirt ist. Unter den Darstellungen finden sich Göttergestalten und Allegorien vortrefflicher Composition. Unterhalb am Schuh erblickt man den deutschen Königsadler mit dem österreichisch-burgundischen Wappen. Die Nuss läuft im Faden, der Abzug besitzt einen sinnreichen, aber complicirten Stechmechanismus. Die Sehne ist spätere Beigabe. Deutsch, um 1560.

3, a. **Deutsche Armrustwinde**, zur Armrust 3 gehörig. Alle Theile sind von Eisen. Auf der oberen Fläche des Gehäuses ist in Eisen geschnitten das österreichisch-burgundische Wappen, von Engeln gehalten, nebst der Jahrzahl 1563 ersichtlich. Deutsche Arbeit.

4, 4 a. Ein sogenanntes Waidblatt nebst zwei Aufbruch-, sechs Zerwirkmessern und einer Gabel von einem Jagdbesteck, welches vollständig in der Waffensammlung vorhanden ist. Die Griffe sind von Elfenbein mit vertieften Feldern, in welchen geschnitzte Reliefs von ungemeiner Feinheit und trefflicher Erfindung eingefügt sind. Diese Mikrosculpturen sind mit Plättchen von Bernstein belegt, so dass dieselben in gelber Färbung durchscheinen. In diesen Reliefs sind Helden und allegorische Scenen dargestellt. Deutsch, um 1640.

5. Säule einer deutschen Jagdarmrust, an welcher nur der Bogen abgängig ist. Dieselbe ist von Birnholz und mit Elfenbein eingelegt, in welchem lebendig gezeichnete Jagdscenen dargestellt sind. Der Stechmechanismus, ähnlich wie bei 3, ist vorhanden, die Nuss läuft im Faden. Um 1550.

Tafel XLI.

1. **Schweindegen.** Knauf und Parirstangen sind von Eisen und vergoldet; auf letzteren finden sich noch Spuren einer eingravirten Lapidarinschrift. Das Griffholz ist mit rothem Seidenstoffe überzogen und mit grüner Seidenschnur netzartig überstrickt. Die 85·7 lange Klinge ist stangenartig gebildet und besitzt an zwei Seiten Blutrinnen, welche vergoldet und mit gravirten Inschriften, ein Mariengebet enthaltend, ausgestattet sind. Wenige Centimeter vor der Spitze verbreitet sich die Klinge und endet blattförmig.

Diese seltene Jagdwaffe, auf welche sich auch der Text im »Theuerdank« 19 bezieht, stammt vermuthlich aus dem Besitze des Kaisers Maximilian I., doch bringt auch Carré in seiner »Panoplie« 1795 ein gleiches Exemplar in Abbildung. Der Degen ist italienisch und ist nicht älter als von 1500, wie wir noch im »Triumph« von den »newen sweindegen« lesen.

2. **Waidmesser des Herzogs Carl des Kühnen von Burgund (1395—1467).** Die breite Klinge mit interessanter burgundischer Klingenschmiedmarke

✳

endet spitzig. An beiden Enden des hölzernen Heftes ist am Silberbeschlag in translucidem Email das vollständig burgundische Wappen: 1 und 4 Neuburgund, 2, gespalten, Altburgund mit Brabant, 3, gespalten, Altburgund mit Limburg, im Herzschilde Flandern, ferner das Feuereisen des Vliessordens ersichtlich. Auf der die Beschläge verbindenden Spange liest man den Sinnspruch dieses Ordens: »autre n'aura«. Zu diesem gehört auch ein zweites ganz gleich gestaltetes Exemplar, welches noch vorhanden ist. Um 1450.

3. **Waidblatt (Waidpraxe, Parmesser)**, von einem Jagdbesteck, enthaltend Waidblatt, Aufbruch- und Zerwirkmesser in breiter, lederner Besteckscheide. Der Griff ist aus vergoldeter Bronze. Oberhalb ist ein liegender Löwe, freiplastisch gebildet, dargestellt. Die übrigen Metallflächen sind mit seichter Gravüre ausgestattet. An beiden Seiten des Metallgriffes sind sculpirte Elfenbeinplättchen eingesetzt. Auf jedem ist eine Dame im Costüm der 2. Hälfte des XV. Jahrhunderts, eine Lilie in der Rechten haltend, unter einem gothischen Bilderstuhldache stehend, dargestellt. Knapp unter dem Stuhldache sind zwei aus Wolken ragende Hände ersichtlich, welche eine Lilienkrone über die Gestalt halten. Einzelne Theile sind fein gearbeitet. Die Klinge ist an den Griff nicht symmetrisch, sondern seitlich eingesetzt und bildet, obwohl schon am Ende abgekappt, einen Uebergang in die spätere Waidblattform (siehe Nr. 5). Sie trägt die Marke Ω. Französisch oder Burgundisch, um 1480.

4. **Jagdachwert des Kaisers Maximilian I.** Seine allgemeine Form und Ausstattung ist ganz jene des Lehenschwertes dieses Monarchen, welches nach altem Herkommen den erzherzoglichen österreichischen Insignien beigezahlt in der k. k. Schatzkammer bewahrt wird, und die Ausführung lässt die Hand desselben Meisters erkennen, der dort als »MAISTER M·S·VON·H« bezeichnet wird. Der Knauf ist von Messing und mit Gravirungen ausgestattet, die theils Ornamente, theils gothische Minuskelinschriften, das sogenannte »Stossgebet«, enthalten. Der untere Theil besitzt musivische Einlagen aus Holz und Elfenbein. An beiden Seiten sind Perlmutterplättchen eingefügt, auf welchen die heiligen Frauen Barbara und Katharina in Relief geschnitzt erscheinen. Die Parirstangen von blankem Eisen sind gedreht gestaltet und enden mit Drachenköpfen. Die prachtvolle einschneidige, 85 Centimeter lange Klinge ist mit Rautenschliff versehen. Der obere Theil ist in röthlichem Schimmer gebläut und sind auf diesem Grunde in Goldschmelz die Gestalten der heiligen Maria und des heiligen Sebastian mit den auf selbe bezüglichen Anrufungen in Lapidarlettern dargestellt.

Nicht minder kunstvoll ausgestattet ist die lederne Scheide, 4, a, welche mit aus freier Hand gepressten und geschnittenen spätgothischen Ornamenten reich geziert ist, zwischen welchen ein Schriftband mit einer Anrufung Mariens in gothischen Minuskeln ersichtlich ist. Von den an der Scheide befindlichen Besteckscheiden enthält die obere einen Geniekfänger, die untere ein Zerwirkmesser und einen Pfriem (Messerschärfer). Die Griffe derselben sind ähnlich dem des Schwertes und enthalten gleichfalls kleine Reliefplättchen in Perlmutter, darstellend St. Johannes mit den heiligen Frauen. Die Klinge des Geniekfängers trägt das Zeichen ↯ jene des Zerwirkmessers Ƕ, eine Scheere. Deutsche Arbeit, um 1490, die Klingen sind wahrscheinlich Mailändisch.

5. **Waidblatt.** Der Griff ist von weissem Standachat. Das Beschläge ist aus vergoldetem Silber mit reizenden feinen Verzierungen in translucidem Email. Die breite Klinge zeigt die volle Ausbildung dieses Jagdgeräthes am Ende des XVI. Jahrhunderts. Deutsch, um 1590.

6, 6a. **Waidmesser.** Der keilförmig gebildete Griff ist mit musivischen, theils schachbrettförmigen, theils blumig gestalteten Einlagen in gefärbtem Holz und Elfenbein geziert. Dazwischen befinden sich Beschläge aus gestanztem dünnen Messingblech. Die Klinge ist messerförmig, verbreitert sich gegen das Ende und schliesst in Spitze ab. Die Waffensammlung besitzt ausser diesem noch ein gleich gestaltetes Exemplar, welche beide in der Scheide 6, a verwahrt werden. Diese Scheide ist an der Vorderseite mit gepressten und geschnittenen, romanisirenden Ornamenten geziert, innerhalb welchen sich ein Wappen erkennen lässt, welches nach seiner Form dem Anfange des XIV. Jahrhunderts, etwa den Jahren um 1310 angehört.

7. **Schweinschwert** oder Anlaufschwert. Die sämmtlichen Metalltheile des Griffes sind aus blankem Eisen, der Knauf endet schnabelförmig. Der Griff besitzt feine schachbrettförmige Einlagen aus Elfenbein und Holz. Die abgebogenen Parirstangen wie der Faustschutzbügel sind mit geriffelten Knaufen geziert. Die Klinge ist bis auf drei Viertel ihrer Länge stangenartig gebildet und besitzt zwei Blutrinnen, von da ab wird sie breiter, zweischneidig und endet in scharfer Spitze. Am Ansatze dieses breiteren Theiles sind zwei hornartig gebildete Knebel angeschraubt, welche entfernt werden können, um das Schwert auch in einer Scheide verwahren zu können. Diese waren dazu bestimmt, um das Eindringen der Klinge über das bestimmte Mass zu verhindern. Deutsch, um 1510.

Tafel XLII.

1. **Büchse mit Radschloss.** Der gezogene Lauf ist mit geätzten Verzierungen ausgestattet, welche noch Spuren von Vergoldungen erkennen lassen. Der Laufschmied signirt wie nebenstehend: H H. Der Schaft ist reich mit Elfenbein eingelegt, mit welchen Scenen mythologisch-religiösen Inhaltes und Jagden dargestellt sind; so an der Anschlagseite des Kolbens das Urtheil Salomons, an der Aussenseite Adam und Eva, am Schuber Actneon. Auf dem Kolbenschuh findet sich ein Wappen mit den Buchstaben G · V · H · U · S eingravirt, wahrscheinlich die Zeichen eines der Familie von Schallenburg. Das Costüm der Figuren weist auf Sachsen zur Zeit des schmalkaldischen Krieges, lässt aber auch niederländischen Einfluss erkennen. Um 1546.

2. **Jagdbüchse mit Radschloss.** Der glatte Lauf ist aussen mattgrau gehalten und mit zarten Schlingornamenten in eingeschlagener Gold- und Silbertausia ausgestattet. Der Schaft ist in allen Theilen mit im Relief geschnittenen Elfenbeinplatten belegt. Die figuralen Reliefdarstellungen gehören sämmtlich dem Bereiche der Mythologie an. An der Aussenseite entlang erblicken wir die Göttergestalten des Olymps, zuweilen in ganz eigenartiger Auffassung. An der hier sichtbaren Anschlagseite ist vom Kolben bis zur Mündung reichend in neun Scenen die Geschichte des Perseus dargestellt. Auf der Unterseite ist der Schaft mit trefflich erfundenen Ornamenten in der Art des Cornelis Floris geziert. Der Gesammtstil ist auch der ausgeprägt niederländische. Zunächst des Kolbenschuhes findet sich der erzherzogliche Wappenschild mit Böhmen und Alt-Ungarn, belegt mit dem spanisch-österreichischen Wappen und Habsburg und Tirol im Herzschilde, wie er in der königlichen Chur Böhmen geführt wurde. Das Wappen ist von einem Löwen und einem Drachen getragen. Aus dieser heraldischen Zusammenstellung ist anzunehmen, dass die Büchse um 1580 als Geschenk des Kaisers Rudolf II. an Erzherzog Ferdinand von Tirol gelangt ist.[1]

3. **Büchse mit Radschloss.** Der gezogene Lauf ist sehr einfach gehalten und gebläut. Das Schloss ist gelitzt und auf der Platte ein Gefecht dargestellt, in welchem polnische Speerreiter deutsche Arkebusiere in die Flucht schlagen. Der Schaft ist mit den feinsten und zierlichsten Arabesken von Elfenbein und Hirschhorn geziert, welche alle Flächen in gleicher Dichte füllen. In den Arabesken finden sich figurale Gestalten in barocker, der Caricatur sich nähernder Zeichnung eingestreut.

Die Technik ist eine ganz eigenthümliche und seltene. Der Grundstoff ist nämlich nicht, wie man vermuthen könnte, schwarzgebeiztes Holz, sondern eine schwarzgefärbte Asphaltmasse, welche im erwärmten Zustande aufgetragen wurde und in welcher man die Einlagepartikel einpresste.

Auf dem Kolbenschuh, der mit Elfenbein belegt ist, erblickt man das eingravirte polnisch-schwedische Königswappen und in einer Ecke das Künstlermonogramm *H F* Der Stil ist niederländisch in der Art des Francis Floris.

Das Auftreten dieses Wappens legt die Annahme nahe, dass das Gewehr als Geschenk des Königs Sigmund III. von Polen an ein Mitglied des kaiserlichen Hauses gelangt ist.

---

[1] Boeheim, Wendelin. Ueber einige Jagdwaffen und Jagdgeräthe. Jahrbuch der kunsthist. Sammlungen, Bd. IV.

Das oben ersichtliche Monogramm führte Hans Lange in Gotha, der am Hofe des Herzogs Johann Friedrich des Mittleren lebte. Der Herzog sendete ihn 1561 auf zwei Jahre nach Antwerpen, um bei Francis Floris zu lernen. Nach der Aechtung seines Gönners begab sich Lange mit seinem Genossen Peter Rudelstaedt nach Krakau.[1])

Tafel XLIII.

1. **Büchse mit Radschloss.** Der untere Theil des gezogenen Laufes, sowie die Schlossplatte, sind mit sehr feinen und zierlichen Schlingornamenten in Silbertausia geziert. Der Lauf hat die Marke des aufsteigenden Löwen eingeschlagen.

Auf der Schlossplatte finden wir das Monogramm G · F des Giovanni Francino in Brescia. Der Schaft ist mit ungemein feinen und zierlichen Einlagen in Elfenbein ausgestattet, letztere enthalten zwischen Arabesken mit wenig Blattwerk figurale Gestalten eingestreut, von welchen einige durch Schönheit und Grazie hervorragen und eine Meisterhand verrathen. Die Sujets gehören zumeist der freien Phantasie an und streifen in ihrem Stile an die Compositionen des Enea Vico. Der Meister ist völlig unbekannt.

2. **Büchse mit Radschloss**, dabei eine Pulverflasche 2, a. Der gezogene Lauf, wie das Schloss sind in zierlichen Arabesken mit figuralen Beigaben in Relief auf Goldgrund geziert. Der leider unbekannte Meister, von welchem noch andere prächtige Arbeiten in der Waffensammlung vorhanden sind, zählt zu den tüchtigsten in der Eisenschneidekunst. Der Schaft ist durchaus mit Silberplatten belegt, welche mit fein gezeichneten Arabesken in translucidem Email von glühender Farbe geziert sind. Unter den Ornamenten finden sich auch figurale Motive: Victoria, Trophäen, Früchte, Jagdthiere u. dgl. Auf dem Vorderschafte ausserhalb zeigt sich das Monogramm D · A · F des berühmten Augsburger Goldschmiedes und Emailleurs David Attemstetter.

Auf der Pulverflasche 2a erblickt man in Email auf Silbergrund auf der einen Seite Diana, auf der anderen Actaeon.

Der Decor, eine Specialität Attemstetter's, macht eine ungemein reiche coloristische Wirkung.

Einige Wahrnehmungen, wie besonders das Auftreten der Victoria Dacica auf der Anschlagfläche des Kolbens deuten dahin, dass das unvergleichlich schöne Gewehr aus dem Besitze des Kaisers Rudolf II. und etwa aus dem Jahre 1610 stammt.

David Attemstetter, eigentlich Ahenstetter, ist zwischen 1547 und 1555 zu Colmar geboren, kam 1570 nach Augsburg und starb daselbst 1617. Bekannt ist seine Mitarbeit an dem berühmten Pommer'schen Kunstschrein, jetzt im königlichen Kunstgewerbemuseum in Berlin. Die kunsthistorischen Sammlungen bewahren ein weiteres schönes Werk seiner Hand: eine Standuhr.[1])

3. **Pürschbüchse mit Radschloss**, dabei eine Pulverflasche 3, a des Erzherzogs Leopold V. von Tirol. Der gezogene Lauf ist gebläut, die Schlossplatte in Kupferstichmanier gravirt. Der Schaft aus schwarz gebeiztem Holze ist dicht mit eingelegtem Silber theils in Arabesken, theils figuralen Decors geziert. Die zahlreichen Darstellungen enthalten zumeist Jagdscenen, aber auch religiöse Sujets, wie den Propheten Daniel aus den Apokryphen, unter den profanen eine lustige musicirende Gesellschaft. Auf der Anschlagseite erblickt man die Wappen des Erzherzogs mit der Inschrift: »Leopoldus · Deo · Gr · Archi · Aus · Du · Bur · Comes Tirolis 1628.« Auf der oberen Seite ein unbekanntes Wappen mit den Chiffren H · S · G · H und zunächst des Kolbenschuhes den kaiserlichen Doppeladler.

Noch reicher ist die Pulverflasche 3, a ausgestattet. In den Einlagen zeigt sich in der Mitte das Bildniss des Prinzen mit der obigen Umschrift. Dasselbe umgibt ein Feld mit dem Wappen desselben und eine bildliche Darstellung des 144. Psalmes, Vers 1, ferner der Wahlspruch des Erzherzogs: »Pietas ad omnia utilis.«[2])

Tafel XLIV.

1. **Luntengewehr.** Der Lauf, sowie das einfache Luntenschloss und der mittelst eines Abzughebels zu dirigirenden Luntenhahn sind aus grau getöntem Eisen; die feinen Laubornamente darauf sind mit freier Hand gepunzt und vergoldet, einige Stellen sind in seichter Goldtausia geziert. Der Schaft mit italienischem Kolben ist mit abgegriffenem, schwarzem Sammt überzogen, der an den Kanten mit gleichfärbigen Seidenbortchen besetzt ist.

Die alten Inventare bezeichnen das Gewehr: »altfränkisch«. Diese Angabe ist ungenau, denn dasselbe ist gewiss italienisch, wahrscheinlich mailändisch, vom Anfange des XVI. Jahrhunderts.

2. **Büchse mit Radschloss.** Der kantige gezogene Lauf und das Radschloss sind blank gehalten, ersterer hat die Laufschmiedmarke P · S, letzterer den Büchsenmacherstempel M T eingestempelt. Der Schaft aus Birnholz ist reich in Elfenbein eingelegt und sind damit Scenen aus der römischen Geschichte und Alle-

[1]) Boeheim l. c.
[1]) Boeheim l. c.

gorien dargestellt. Auf dem Schuber finden sich die allegorischen Gestalten der Lüsternheit und der Leckerhaftigkeit mit den Beischriften »LIBIDO« und »GVLA«. Die Figuren sind gewandt gezeichnet, doch in der Bewegung und den Costümen etwas übertrieben. Unterhalb des Kolbens, an der Anschlagseite, zeigt sich eine undeutliche lateinische Inschrift und der Name GEORGIVS · K · EXCVSIT, ferner OSMOLTZPACHE (Onolzbach, heute Ansbach), und die ersichtlich unrichtige Jahrzahl 1507. Die Anfertigung dieser Büchse fällt in das Ende des XVI. Jahrhunderts, etwa um 1570 bis 1580.

3. **Jagdbüchse mit Radschloss.** Der gezogene Lauf mit der eingeschlagenen Marke S · F, sowie das Radschloss sind gebläut. Letzteres besitzt einen Stechmechanismus mit Schnuranzug. Der Schaft ist reich in Elfenbein eingelegt und enthält Kampfscenen, mythologische Gestalten und Allegorien, meist Copien nach italienischen Meistern. So erkennt man in einer liegenden nackten Frauengestalt eine freie Nachahmung der Venus von Tizian (jetzt in der kgl. Gemäldegalerie in Dresden). Auf dem Schuber ist eine humoristische Scene dargestellt: ein Jäger, der von Hasen am Rost gebraten wird. Diesen humorvollen Gedanken finden wir bereits in einem Stiche des Israhel van Meckenem (Bartsch 271) behandelt. In einem gleich grossen Stiche bringt dieselbe auch Virgil Solis mit nur ganz geringen Abänderungen. Von diesem Stiche, welcher die folgenden Begleitverse trägt:

»Vns hasen ist ein schance gerathen,
Das wir jetz hund vnnd jeger braten
Die vns fiengen, schunden vnd asen
Die zal wir jetzt auch solcher masen«

ist die vorliegende Darstellung eine vollkommen treue Copie.[1]) Zunächst der Schwanzschraube zeigt sich die Schältermarke H · P und die Jahrzahl 1563. Auf dem Kolbenschuh das vollständige habsburgische Wappen eines Erzherzogs und in der heraldischen Zusammenstellung der steierischen Linie. Dieser Umstand und das Fehlen des Vliessordens mit Rücksicht auf die Jahrzahl lässt unzweifelhaft erkennen, dass die Büchse aus dem Besitze des Erzherzogs Carl von Steiermark stammt.

Tafel XLV.

1. **Türkische Sturmhaube des Grossveziers Mehmed Sokolowitsch.** Sogenannter »Schischak« im deutschen »Zischägge«. Dieselbe besteht aus gegossenem Eisen und ist mit Verzierungen und türkischen Inschriften in Goldtausia ausgestattet. Das Scheitelstück läuft in geschweifter Linie gegen die Spitze zu. Gesichtsschirm mit schiebbarem Naseneisen, Nackenschirm und Backenstücke, letztere mit anhängenden rothen

[1]) Ein feiner ausgeführter Nachstich von der Gegenseite ist von einem unbekannten Meister.

und gelben seidenen Bändern zeigen die typischen Formen. Die Inschriften enthalten lediglich Koranverse, zumeist aus der 2., der 21. und der 68. Sure desselben.

Mehmed Sokolowitsch, von christlichen Eltern geboren und als Knabe von den Türken gefangen, siegte als Beglerbeg von Griechenland 1559 über Bajasid, eroberte Szigeth und gelangte durch Tapferkeit und Klugheit zur höchsten Reichswürde. Er wurde 1579 von einem Derwische ermordet. Der Gegenstand ist bereits im alten Inventar vom Schlosse Ambras von 1583 genau beschrieben.

2. **Arabischer Rundschild** von Eisen, geschwärzt und mit orientalischen Ornamenten und arabischen Inschriften geziert, welche gravirt und vergoldet sind. Die letzteren enthalten lediglich Koranverse. Dieser in seiner Ausführung vortreffliche Schild wurde in den älteren Inventaren ohne Bezeichnung eines Besitzers beschrieben. Erst im Inventare von 1788 erscheint er im Vereine mit einem orientalischen Brust- und Rückenpanzer, allerdings von ganz gleicher Auszierung, und dem Torghud Reis, Könige von Kairewan, zugeschrieben. Beweisgründe für diese Attribution zweifelhaft. Auf der Sturmhaube liest man: »Vollendet durch die Arbeit des Waffenschmiedes Ali.«

Torghud Reis war anfänglich Seeräuber und wurde 1540 von Gianettino Doria gefangen. Später eroberte er die afrikanischen Uferstaaten Gerbi und Tripolis, belagerte mit den Türken Malta und starb an den dortselbst erhaltenen Wunden 1565.

3. **Türkischer Säbel.** Der Griff ist mit Achat belegt, die Parirstangen, aus vergoldetem Silber, sind reich gravirt. Die Klinge ist ohne Zeichen. Die Scheide ist mit rothgeblumtem türkischen Damast überzogen und besitzt ein Beschläge aus vergoldetem Silberblech, welches mit getriebenen Ornamenten verziert ist. An den Parirstangen findet sich die kaiserliche Punze des Sultans Muhammed III. Nach der Tradition stammt der Säbel aus dem Besitze des Grossveziers Kara Mustapha, ist aber wohl ein Theil jener Siegesbeute, welche dem Kaiser Leopold I. nach dem Entsatze von Wien 1683 zu Füssen gelegt wurde.

4. **Ungarischer Säbel.** Der Griff und die Scheide besitzen vergoldete Silberbeschläge im orientalisirenden Stile mit Türkisen und Korallen besetzt. Auf der arabischen Klinge sind Koranverse geätzt. Die langen Parirstangen weisen auf die erste Hälfte des XVI. Jahrhunderts.

5. **Ungarischer Säbel.** Der Griff ist mit schönem weissen Bandachat belegt. Sowohl die Parirstangen als die Beschläge der Lederscheide sind aus vergoldetem Silber, welches mit getriebenen Arabesken im orientalischen Stile geziert ist. Die Ornamente sind theils roth,

theils grün gefärbt. Die arabische Klinge ist mit Verzierungen in aufgeschlagener Goldtausia ausgestattet, zwischen welchen die Inschrift »Má scha'lláh« (Alles nach Gottes Willen) zu lesen ist. XVI. Jahrhundert. Ende.

6. **Polnische Karabela.** Der Griff ist mit schwarzem Bein belegt, die Parirstange ebenso wie die Beschläge der Scheide aus schwarzem Maroquinleder sind von Silber und in feinen orientalisirenden Dessins getrieben. Die werthvolle Klinge ist ohne Zeichen.

Der Säbel stammt, nebst anderen Waffen von specifisch polnischen Formen, aus der Zeit der Bewerbung des Erzherzogs Ferdinand von Tirol um den polnischen Thron, 1572.

7. **Arabischer Dolch.** Sowohl der Griff von geschwärztem Eisen, als die krumme geflammte und eingeschliffene Klinge sind mit feinen orientalischen Linienornamenten in seichter Goldtausia geziert. Die arabischen Inschriften auf letzterer enthalten Koranverse. Die Beschläge der Lederscheide sind in gleicher Technik wie der Griff verziert. XVI. Jahrhundert.

8 und 8, a. **Dolch.** Der Griff besteht aus Elfenbein, welches theils in Gold eingelegt, theils in punktirter Technik verziert und mit kleinen Rubinen und Türkisen besetzt ist. Die Wirkung dieser Ziertechnik ist eine ausgezeichnete. Die abwärts gekrümmten Parirstangen laufen in Drachenköpfen aus. Die schwere Klinge ist am Grat durchbrochen gearbeitet. Die Scheide, aus vergoldetem Silber mit orientalisirenden Ornamenten in Treibarbeit ausgestattet, ist weit einfacher gehalten. Die Waffe, wiewohl von orientalischer Form, ist aus einer westeuropäischen, wahrscheinlich venetianischen Werkstätte stammend. XVI. Jahrhundert.

9. **Kleiner Dolch** mit türkischer Klinge. Der Griff und die Scheide sind aus vergoldetem Silber und dicht mit orientalischen Granaten besetzt. Die gerade eingeschliffene Klinge von etwas älterem Datum ist mit türkischen Ornamenten und Inschriften in seichter Goldtausia geziert. Die Montirung ist nicht orientalisch.

10. **Dolch mit krummer Klinge** von orientalischer Form. Der Griff, sowie die Scheide sind aus vergoldetem Silber und theils getrieben, theils ciselirt. Die Ornamente auf rauhem Grunde sind türkischen Mustern nachgebildet. Auf dem flachen, schweren Knaufe erblickt man ein von einem Drachen gehaltenes, unbekanntes Wappen mit den Buchstaben K · I darin und oberhalb die Jahreszahl 1543. Die abwärts gekrümmten Parirstangen laufen in Drachenköpfen aus. Auch dieser Dolch stammt aus einer italienischen Werkstätte.

Tafel XLVI.

1. **Harnisch für den alten deutschen Fusskampf** des Claude de Vaudrey. Derselbe nimmt sowohl durch seine Form, wie auch vom historischen Gesichtspunkte durch seinen Eigenthümer und seinen Meister ein hohes Interesse in Anspruch. Für diesen Harnisch, welcher nach seiner Bestimmung zum ritterlichen Zweikampfe, mit unterschiedlichsten Stich-, Hieb- und Schlagwaffen diente, ist der riesige Helm, um den Kopf des Trägers vor Hieben des Gegners möglichst zu schützen, der Kampfschurz zum Schutze der Lendenpartie, endlich die volle Deckung der Oberschenkel charakteristisch. Derselbe ist blank gehalten und ohne alle Verzierung. Auf dem Oberarmzeuge erblicken wir die nebenstehende Marke.

Sie gehört den Brüdern Gabrielle und Francesco Merate in Mailand und wurde von denselben vor ihrer Berufung 1495 als Leiter der kaiserlichen Plattnerei in Arbois in Burgund geführt. Der Harnisch selbst trägt den Typus der Mailänder Harnische der zweiten Hälfte des XV. Jahrhunderts an sich. Der Harnisch datirt von ca. 1480.

Nach den alten Inventaren ist dieser Harnisch derselbe, in welchen gekleidet der Rath und Kämmerer des Herzogs Carl des Kühnen von Burgund, Claude de Vaudrey, in einem gelegentlich des Reichstages zu Worms 1495 abgehaltenen Turniere mit dem Kaiser Maximilian I. im Fusskampfe sich gemessen hatte und von diesem besiegt wurde.

Claude de Vaudrey, von altem burgundischen Adel und verdienter Staatsmann am Hofe Carls des Kühnen, wurde um 1450 geboren und starb 1515.[1]

2. **Harnisch für den alten deutschen Fusskampf** des Königs, späteren Kaisers Maximilian II. Derselbe ist blank und mit breiten, theils auch getriebenen, geätzten und vergoldeten Strichen und Verzierungen ausgestattet. Er zählt gewiss zu den spätesten seiner Gattung, denn als der Harnisch gefertigt wurde, war der deutsche Fusskampf in alter strenger Form längst nicht mehr üblich, nur sehr hochgestellte Persönlichkeiten hielten es ihrer Würde angemessen, noch ein »Kampfzeug« zu besitzen. Verschiedene Einzelheiten, wie die an sich fachwidrigen Stosskrägen, das auftretende mi-parti an den Oberschenkeln (Diechlingen) weisen auf eine drei Jahrzehnte frühere Zeit. Auf dem Kampfschurz findet sich die Jahrzahl 1550.

Die Zuschreibung an Maximilian II. ist aus dem Musterbuche eines unbekannten Augsburger Harnischätzers[2] festgestellt, in welchem der Harnisch genau abgebildet und sein Hersteller, ebenso wie der Meister genannt erscheint.

Nicht nur die bestimmte Angabe in dem genannten Musterbuche, sondern auch die an mehreren Stellen des Harnisches sichtbaren Marken belehren uns, dass wir an selbem ein Werk des berühmten Plattners Matthäus Frauenpreis und

---

[1] Leitner, Quirin Freidal. 1882.
[2] Königl. öffentl. Bibliothek zu Stuttgart. Mil. 24.

wahrscheinlich noch des Aelteren vor uns haben, der 1549 gestorben ist. Das Musterbuch gibt auch 1549 als Fertigungsjahr an, die Ausstattung und Vergoldung dürfte erst ein Jahr nach dem Ableben des Meisters vollendet worden sein.¹) Wir weisen hier auch auf Tafel XXI 1.

Tafel XLVII.

1. Rennzeug zum sogenannten Scharfrennen des Königs Philipp I. von Castilien, dabei eine gebleudete Rossstirne und zwei Dilgen. Derselbe ist blank, gekehlt und mit Schwarzätzung im Stile italienischer Frührenaissance geziert. Die Ränder des Rennhutes sind mit Messingstreifen besetzt. Auf der Stirne des Rennhutes, wie auf den beiden Dilgen, welch letztere zum Schutze der Oberschenkel dienten, ist die verhaute Tracht der Landsknechte mit schräglaufenden Schlitzen dargestellt. Auf der Brust findet sich der Spruch aus Lucas IV, 30. »Jhesus · autem · transiens . per m(e)dium · il(l)orum · ibat.²) Denselben Vers findet man nicht nur auf mehreren Waffenstücken der Waffensammlung, welche diesem Könige angehörten, sondern auch auf Goldmünzen desselben. Italienisch gegen 1500. Die zugehörige Renntartsche ist abgängig.

2. Rennzeug zum Scharfrennen des Erzherzogs Ferdinand von Tirol. Derselbe ist mit breiten, gekehlten gestürten und vergoldeten Strichen und solchen Füllornamenten versehen. Dabei die gleichverzierten, aber nicht gekehlten Dilgen. Auf dem die untere Gesichtspartie deckenden aufgeschraubten Barte findet sich das vollständige Wappen des Erzherzogs geätzt. In dem Inventare von 1596 des Nachlasses des Erzherzogs Ferdinand von 1596 wird dieser zu den spätesten zählende Rennzeug dem Herzoge August von Sachsen zugeschrieben. Das ist nur insoferne richtig, als derselbe im Auftrage dieses Herrschers aller Wahrscheinlichkeit nach von dem Plattner Sigmund Rockenberger in Wittenberg 1558 geschlagen, und dem Erzherzoge Ferdinand zum Geschenk gemacht wurde. Dieser Prinz hatte schon im Jahre 1556 zu Dresden mit dem Herzoge gerannt und hatte diesem zum Andenken an diesen Waffengang einen Harnisch gesendet. Der hier ersichtliche Rennzeug war somit ein Gegengeschenk. In dem Dankschreiben des Erzherzogs vom 26. April 1559 wird der Rennzeug als »rein, sauber, fleissig und wohlgemacht« bezeichnet. Die zugehörige Renntartsche ist abgängig.³)

¹) Boeheim, Wendelin. Augsburger Waffenschmiede. Jahrbuch L c.

²) Jesus aber, hindurchgehend mitten zwischen ihnen, wandelte von dannen«, hier auf die Ohnmacht der Feinde gedeutet

³) Gurlitt, Cornelius. Deutsche Turniere, Rüstungen und Plattner, Dresden 1889. — Handschriftliche Nachrichten des Directors der königl. historischen Museums zu Dresden, M. v. Ehrenthal, für welche der Verfasser hier seinen verbindlichsten Dank ausspricht

Tafel XLVIII.

1. Italienischer Stechzeug für das alte welsche Gestech des Gasparo Fracasso. Derselbe ist blank gehalten. Armzeug wie Helmfenster sind mit vielen fein gravirten und vergoldeten Emblemen und Symbolen geziert. Darunter finden sich Thaten des Hercules, Kampfscenen, ferner zwei einen Baumstamm entzweireissende Hände, weiters drei ineinander geschlungene G als Monogramm, endlich wiederholt die Inschrift: »Signore Fracasso«. Die blanke, unverzierte Brust war einst mit Stoff, wahrscheinlich Brocat, überzogen. Das linke Armzeug fehlt. Sowohl auf dem Helme, als auch auf der Brust erblickt man das eingeschlagene Zeichen der Missaglia von Mailand, wie auf Tafel I, 1,

auf ersterer überdies dasselbe eingeätzt und vergoldet.

Der Stechzeug datirt nach 1450, vielleicht um 1470, es könnte daher nur mehr von der Hand Antonios Missaglia sein.

In dem ältesten Inventar der Waffen von Ambras von 1583 wird der Stechzeug als »so eines herzogen von Mailandt gewest«, bezeichnet. Das ist unrichtig, er gehörte, wie die Signatur und die Sinnbilder klar erweisen, Gasparo Fracasso, dem Gesandten Ludovico Moros am Hofe des Kaisers Maximilian I., der um 1510 gestorben ist. Der Stechzeug scheint durch Kauf an den Kaiser gelangt zu sein, denn 1502 werden 72 Gulden zu Innsbruck für einen, vermuthlich den vorbeschriebenen Harnisch angeboten.¹)

2. Deutscher Stechzeug, dem Kaiser Maximilian I. zugeschrieben. Derselbe ist blank, theils gekehlt und gerifelt und an den Rändern der Armzeuge und den Folgen des Rückens mit zierlichen, durchbrochenen Verzierungen im spätgothischen Stile berandet. Am Vorderrande des Helmes wie auf dem Rüsthaken findet sich gehauenes Ornament. Der Stechhelm besitzt ein Helmfenster, dessen Thürchen mit durchbrochenem Masswerk ausgestattet ist, eine Vorrichtung, die sonst nur bei italienischen Stechzeugen üblich war.

Dass dieser etwa um das Jahr 1500 geschlagene Stechzeug dem Kaiser Maximilian I. gehörte, beruht lediglich auf Tradition. Dieselbe wird in ihrer Glaubwürdigkeit dadurch wesentlich unterstützt, dass der Zeug thatsächlich aus der Harnischkammer des Kaisers stammt, welche sich bis zum Tode desselben in der Burg zu Wiener-Neustadt befand, und dass derselbe unter allen von dorther gekommenen Stechzeugen, welche noch bis heute in der Waffensammlung bewahrt werden, die reichste Ausstattung besitzt.²)

¹) Boeheim, Wendelin. Mailänder Waffenschmiede etc. Jahrbuch Bd. IX

²) Leitner, Quirin. Freidal.

Tafel XLIX.

1. **Topfhelm** von Eisen mit Verstärkung der linken (Hieb-) Seite. Aus mehreren Stücken zusammengesetzt, fehlen ihm völlig die kreuzförmigen Löcher zum Befestigen der Knebel für die Brust- und die Schwertkette. Die Aussenseite ist mit Mennig überstrichen. Die sichtbaren Merkmale überzeugen für die Bestimmung dieses Helmes zum Turnier. Derselbe gehört seinem Alter nach etwa der Mitte des XIV. Jahrhunderts an. Das auf dem Helme angebrachte Zimier aus Leder, vergoldet und versilbert, entspricht zwar in seiner heraldischen Form der bekannten Familie des unbekannten Eigenthümers, ist aber mindestens ein halbes Jahrhundert jünger.

Helm und Zimier stammen aus der Kirche des Domes zu Seckau in Steiermark, wo selbe oberhalb eines Grabschildes angeordnet waren, der einem Angehörigen der in der Nähe Seckaus ansässigen steirischen Familie Prancker von Pranck errichtet wurde und sicher von einem älteren Grabschilde eines dieser Familie stammte. In der Literatur ist der Gegenstand als der »Praneker Helm« bekannt.[1])

2. **Helm** von einem Harnisch für den deutschen Fusskampf. Derselbe ist blank und nur an dem weit ausgebauchten, vielmals gelochten Visir leicht gekehlt. Der Kamm, sehr flach gebildet, zeigt Löcher für ein aufzusetzendes Zimier. Die Befestigung mit dem Harnische erfolgte durch Anschrauben an die Brustplatte. Deutsch, Ende des XV. Jahrhunderts.

3. **Helm für das Kolbenturnier zu Ross.** Derselbe besteht aus einem Gerippe von Gitter- und Bandeisen, welches mit genötetem Leder überzogen wurde. Dieser Ueberzug erhielt einen Anstrich mit Gyps und war, wie noch deutliche Spuren erkennen lassen, bemalt. Oberhalb ist eine Platte von Eisenblech aufgesetzt, auf welcher die Hülse für das Zimier sitzt. Der vordere Theil des Helmes ist offen und mit einem Gitter aus sich durchdringenden Lang- und Querstäben geschützt. Der Umfang des kugelförmigen Helmes hat solche Dimensionen, dass der Kopf des Trägers, von den Kolbenschlägen geschützt, sich frei bewegen konnte. Deutsch, Mitte des XV. Jahrhunderts.

----
[1]) P. G. v. M. Der Pranckher Helm aus Stift Seckau. Als Manuscript gedruckt. Graz 1878.

Tafel L.

1. **Bruststück** von einem Rennzeuge für das sogenannte »geschift Tartschenrennen« aus blankem Eisen. Es war dies eine Gattung des Turniers, bei welchem der gelungene Stoss des Gegners mit der Rennstange die Wirkung hatte, dass eine an der Brust des Getroffenen befestigte Tartsche in mehrere segmentförmige Stücke sich theilte, die, von starker Federkraft getrieben, über den Kopf des Trägers hinwegflogen. Der Mechanismus ist nicht mehr vollständig, functionirt aber noch theilweise; die zugehörige »gesehift tartsche« ist abgängig.[1]) Um 1480.

2. **Kleiner Krönig** zum alten deutschen Gestech. XVI. Jahrhundert.

3. **Turnierspiesseisen.** XV. Jahrhundert, Ende.

4. **Schwerer Krönig** zum alten deutschen Gestech. XV. Jahrhundert, Ende.

5, 6, 7. **Renneisen** zu den verschiedenen Arten dieser Turniergattung. Nr. 7 ist in Schwarzätzung geziert XV. Jahrhundert, Ende und XVI. Jahrhundert, Anfang.

8. **Geblendete Rossstirne** von blankem Eisen zum deutschen Gestech. Die Blendung des Turnierhengstes erfolgte aus der Ursache, dass das Thier beim Zusammentreffen nicht nach der Seite ausweiche und die Sicherheit des Stosses beeinträchtige. Auf dem scheibenförmigen Stirnschildchen ist der einköpfige römische Adler mit den Wappen von Altungarn, Neu-Oesterreich, Burgund und Böhmen in Schwarzätzung dargestellt, wodurch sich die Zuschreibung des Gegenstandes in das einstige Eigenthum des römischen Königs Ferdinand I. rechtfertigt. Um 1530.

9. **Stechkissen** aus roher Leinwand und mit Stroh gefüllt. Derlei Kissen wurden an die Brust der Turnierhengste zu dem Zwecke befestigt, damit sich die geblendeten Thiere bei erfolgendem Anpralle nicht verwundeten.[2]) XV. Jahrhundert, Ende. Der Gegenstand ist Unicum.

----
[1]) Haefner, J. von. Hans Burgkmair's Turnierbuch. Frankfurt am Main. 1853. Tafel 11. Leitner, Quirin von. Freidal. 1880—1882, Tafel V und folgende.

[2]) Leitner, Freidal l. c. Tafel X und viele folgende.

REGISTER.

I. Allgemeines.

Albrecht V., Herzog von Baiern, XXIII, 2
Albrecht VII., Erzherzog, XXXIV, 2
Amalia Wilhelmine, Königin, XXXIX, 2
August, Herzog von Sachsen, XLVII, 2
Bajazid, Sohn Solimans II., XLV, 2
Barbarigo Agostino, Dalschiehaber, XXXI, 1
Bemetberg Conrad von, XIV, 2
Bourbon Charles de, Connetable, X, 2
Bretagne Anna von, Königin, XL, 1
Busbecq Augier de, Diplomat, X
Carl V., Kaiser, IV, 2, XVIII, 1, XIX, XX, 2, XXXI, 2
Carl, Erzherzog, XXIII, 2, XXVI, 1, XXXIV, 2, XLIV, 2
Carl der Kühne, Herzog von Burgund, XLI, 2, XLVI, 2
Carl Leopold V., Herzog von Lothringen, XXXIX, 2
Coloman, Bischof, König von Ungarn, VII, 2
Conzi, Ingram von, VI, 2
Ernst, Erzherzog, XXV, 2
Farnese, Alessandro, Herzog von Parma, XXIX.
Ferdinand I., Kaiser, XVII, XVIII, 2, I., II.
Ferdinand, Erzherzog, Graf von Tirol, X, 2, XV. 2, XXI, 2, XXII. 2, 2, XXIV, 2, XXVII, 2, 2, XXIX. XLII, 2, XLV, 2, XLVII, 2
Fracasso Gasparo, Gesandter, XLVIII, 2
Friedrich der Siegreiche, Pfalzgraf, II, 2
Fürstenberg, Friedrich III., Graf von, XII, 2
Gregor XIII., Papst, XXVII, 2
Hohenemba, Hannibal von, XXIX.
Johann Friedrich der Grossmüthige, Kurfürst von Sachsen, XII, 2
Johann Friedrich der Mittlere, Herzog v. Sachsen, XLII, 2
Josef I., röm König, XXXIX, 2
Juan Don d'Austria, XXX, 2, XXXI, 2
Julius II., Papst, XI, 2
Lang Matthäus, Erzbischof, XI, 2
Leopold V. Erzhg., XXXVII, 2, XLIII, 2
Ludwig XII., König von Frankreich, XL, 2
Ludwig II., König von Ungarn, IV, 2
Ludwig Wilhelm I., Markgraf von Baden, XXXIX, 2
Mathias, Kaiser, XXXVII, 2, XXXVIII, 2
Mathias Corvinus, König v. Ungarn, VII, 2
Maximilian I., Kaiser, III, 2, V. VI, 2, VII. 2, VIII. 2, X. 2, XI, 2, XLVIII, 2, 2, 2, XLI, 2
Maximilian II., Kaiser, XV, 2, XXI, 2, XXIII. 2, XXV, 2, XXVI, 2, XLVI, 2, XL.
Moro Lodovico, Herzog von Mailand, XLVII, 2
Napoleon III., Kaiser, XX, 2
Philipp der Grossmüthige, Landgraf von Hessen, XIII, 2

Philipp I., König von Castilien, III, 2, XLVII, 2, XL, 2
Philipp II., König von Spanien, XV, 2, XXXIV, 2
Pius V., Papst, XXVII, 2
Pruecker von Pruck, Familie, XLIX, 2
Radulvif Niclas Christof, Herzog von Olyka, XXXV, 2
Rogendorf Wilhelm, Freiherr, XIII, 2
Rudolf II., Kaiser, XIX, XXXIII, XXXV, 2, XLII, 2, XLIII, 2
Ruprecht, Pfalzgraf bei Rhein, XVI.
Schellenberg Ulrich von, XI, 2
Sebastian, König von Portugal, XXV, 2
Sigismund, Erzherzog, II, 2, VII, 2, 2
Sigismund III., König von Polen, XLII, 2
Skanderbeg Georg, Fürst von Albanien, VI, 2
Sokolowitsch Mehmed, Grossvezier, XLV, 2
Sonneaberg Andreas, Graf von, IX, 2
Sophia (Euphemia), Königin von Böhmen, VIII, 2
Sporeno Francesco, Bischof, XXVII, 2
Thurl Georg von, XXVIII, 2
Urbino Francesco Maria, Herzog von, XIV, 2
Vaudrey Claude de, Kämmerer, XLVI, 2
Wenzel, röm. König, VIII, 2
Wilhelm V., Herzog von Baiern, XXXIII.
Wilhelm, Herzog von Mantua, XXVI, 2
Wladislaw II., König, XXXVIII, 2
Sollern, Eitel Friedrich Graf von, IX, 2
Zrinyl, Niclas Graf, XVIII, 2

II. Meister.

Aguirre Hortuno de, jun., Klingenschmied, XXXVIII, 2
Ali, Waffenschmied, XLV.
Altemsoetter David, Emailleur, XLIII.
Ayala Thomas de, Klingenschmied, XXVIII, 2, XXX, 2
Becker Philip von, Graveur, XXXIX, 2
Beham Bartholomaeus, Maler, XIV, 2
Beraln Jean, sen., Zeichner, XXX, 2
Berns Slaves, Klingenschmied, XXVIII, 2
Bongarde Arwand, Graveur, XXXIX, 2
Bras Peter, Klingenschmied, XXIV, 2
Burgkmair Hans, sen., Maler, III, 2
Caradosso, genannt Poppa, Bildhauer, Goldschmied, XXII, 2
Cellini Benvenuto, Goldschmied, XX, 2
Colman Desiderius, Plattner, XV, 2
– Coloman, Plattner, IX, 2, XIII, 2
– Lorenz, Plattner, III, 2, IX, 2
Colt, Obert, Constructeur, XXXII, 2, 2
Cominazzo Lazaro, Laufschmied, XXXVI, 2
Cordier d'Aubeville Philippe, Buchsenmacher, XXXVI, 2
Cranach Lucas, Maler, XII, 2
Dente Maren, genannt da Ravenna, Kupferstecher, XXVI, 2

Dorigny Petron, Maler, XIV, 2
Dürer Albrecht, Maler, VIII, 2
– Franck, Maler, XLIII, 2
Formigiano Pietro, Klingenschmied, XXX, 2
Francino Giovanni, Büchsenmacher, XLIII, 2
Frauenpreis Matthäus, Plattner, XXI, 2
XLVI, 2
Gervaig Mathias, Aetzmaler, XII, 2
Ghisi Giovanni Battista, genannt Bertano und Mantuano, Maler, XXXI, 2
Giulio Romano, Maler, XIX.
Glockendon Albert, Aetzmaler, XIV, 2
Grünewald Hans, Plattner, II, 2
K. Georgius, Graveur, XLIV, 2
Klein Wilhelm, Klingenschmied, XXX, 2
Lange Hans, Maler, XLII, 2
Lochner Conrad, Plattner, XV, 2
Marx - Antos (Raimondi), Kupferstecher, XXVI, 2
Martinez Juan, Klingenschmied, XXX, 2
Mochenom Izrabel v., Maler, IX, 2, XLIV, 2
Merate Francesco, Plattner, XLVI, 2
– Gabriello, Plattner, XLVI, 2
M. B von H., Waffenschmied, XLI, 2
Mielich Hans, Maler, XXIII, 2
Misaglis Antonio, Plattner, II, 2, XLVIII, 2
– Petrolo, Plattner, II, 2
– Tomaso, Plattner, II, 2
Müller Philipp Heinrich, Maler, XXXIX, 2
Mohammed al Annasi, Kungenschmied, XXVIII, 2
Negroll Francesco, Plattner, XIV, 2
– Giacomo, Plattner, XIV, 2
– Philipo, Plattner, XIV, 2
Neron Damaseno de, Taosiator, XX, 2
Payr Hans, Plattner, IV, 2
Peffenhauser Anton, Plattner, XXV, 2, 2
Perchhammer Hans, Aetzmaler, XXI, 2
Piccolomo Antonio, Klingenschmied, XX, 2
XXII, 2
Picolnino Latin, Taosiator, XXII, 2, XXVI, 2, XXIX. XXIX, 2
Rechenberger Segmund, Plattner, XLVII, 2
Rota Martino, Kupferstecher, XXV, 2
Sadeler Aegydius, Kupferstecher, XXXV, 2
Santo Raphael, Maler, XXVI, 2
Schvars Christof, Maler, XXXIII.
Seron Francis, Plattner, III, 2
Serabaglio Giovanni Battista, Taosiator, XXII, 2, XXIII, 2, XXIV, 2, 2, 2
Seusenhofer Hans, Plattner, XVII, 2, XXI, 2
– Conrad, Plattner, IV, 2
– Jorg, Plattner, XVII, XVIII, 2
XXI, 2
Sibenbürger Valentin, Plattner, XIV, 2
Solis Virgil, Kupferstecher, XLIV, 2
Topff Caspar, Plattner, XXXIV, 2
Weigerer Franz, Nöckler, XXI, 2
Warder Felix, Büchsenmacher, XXXVI, 2
Wolf von Landshut, Plattner, XII, 2
Worms Wilhelm von, Plattner, XIV, 2

KUNSTHISTORISCHE SAMMLUNGEN DES ALLERHÖCHSTEN KAISERHAUSES.
WAFFENSAMMLUNG.

1. Reiterharnisch des Erzherzogs Sigismund des Münzreichen von Tirol, von c. 1470
2. Feldharnisch Friedrichs des Siegreichen, Pfalzgrafen am Rhein, von c. 1450

KUNSTHISTORISCHE SAMMLUNGEN DES ALLERHÖCHSTEN KAISERHAUSES.
WAFFENSAMMLUNG

1. Reiterharnisch des Königs Maximilian I. von c. 1490.
2. Prunkharnisch, angeblich des Königs Philipp I. von Castilien, von c. 1506.

KUNSTHISTORISCHE SAMMLUNGEN DES ALLERHÖCHSTEN KAISERHAUSES
WAFFENSAMMLUNG.

1. Prunkharnisch des Königs Ludwig II. von Ungarn von c. 1515.
2. Harnisch des Erzherzogs Carl, späteren Kaisers Carl V. Unvollendet geblieben.

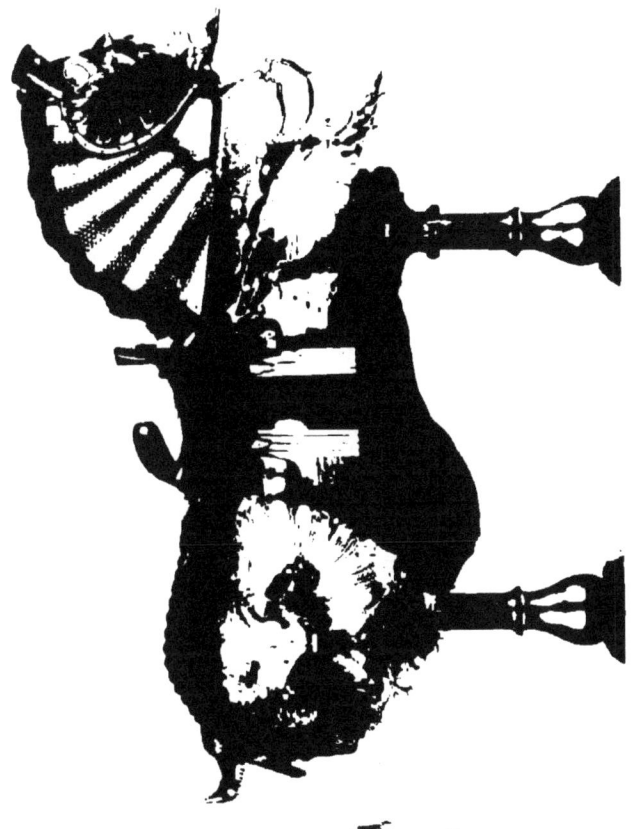

Schwerer Rossharnisch des Kaisers Maximilian I., von c. 1508.

V.

KUNSTHISTORISCHE SAMMLUNGEN DES ALLERHÖCHSTEN KAISERHAUSES
WAFFENSAMMLUNG

KUNSTHISTORISCHE SAMMLUNGEN DES ALLERHÖCHSTEN KAISERHAUSES.
WAFFENSAMMLUNG.

1. und 1, a. Schwert des Königs Maximilian I. sammt Scheide, von c. 1450. 2. Kurzes Schwert mit alter Klinge, von c. 1505. — 3. Schwert mit älterer, den Namen des Königs Mathias Corvinus von Ungarn tragender Klinge. — 4. Reiterschwert mit älterer, dem XIV. Jahrhundert angehöriger Klinge.

KUNSTHISTORISCHE SAMMLUNGEN DES ALLERHÖCHSTEN KAISERHAUSES
WAFFENSAMMLUNG.

1. Ungarische Tartsche von blankem Eisen, von c. 1490. — 2. Ungarische Tartsche von Holz und bemalt, von c. 1490. — Sattel aus dem Besitze des römischen Königs Wenzel I., von c. 1380.

KUNSTHISTORISCHE SAMMLUNGEN DES ALLERHÖCHSTEN KAISERHAUSES.
WAFFENSAMMLUNG

1. Prunkharnisch des Grafen Eitel Friedrich von Zollern, von c. 1503.
2. Turnierharnisch des Grafen Andreas von Sonnenberg, von c. 1508.

KUNSTHISTORISCHE SAMMLUNGEN DES ALLERHOCHSTEN KAISERHAUSES.
WAFFENSAMMLUNG.

1. und 1, a. Helm und Rundschild des Connetable Charles von Bourbon, von c. 1520. — 2. Schild aus der Schale einer Riesenschildkröte und bemalt, von c. 1450. — 3. Ungarische Tartsche von Holz, von c. 1450.

KUNSTHISTORISCHE SAMMLUNGEN DES ALLERHÖCHSTEN KAISERHAUSES
WAFFENSAMMLUNG

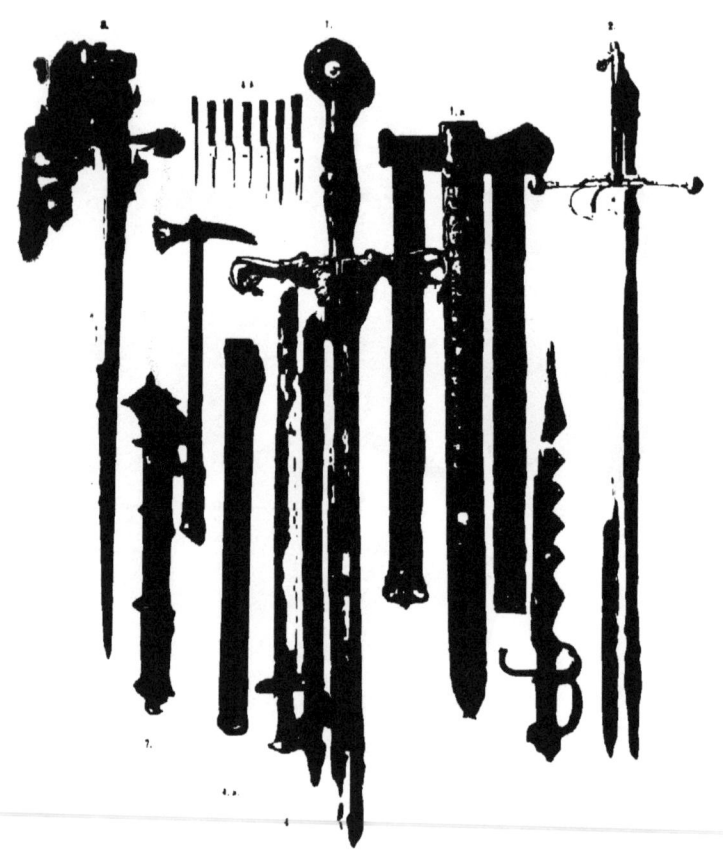

1. und 1.a. Geweihtes Schwert sammt Scheide und Gehänge mit den Insignien des Papstes Julius II., von 1510. — 2. Reiterschwert um 1500. — 3. Schwert, italienisch, um 1530. — 4., 4.a. und 4.b. Schwert sammt Scheide und Besteck des kais. Feldobersten Ulrich von Schellenberg, von c. 1500. — 5. Venetianisches Schwert mit sägeförmiger Klinge, von c. 1500. — 6. Streitbeil, italienisch, um 1550. — 7. Streitkolben des Matthäus Lang, Erzbischof von Salzburg, italienisch, um 1500.

KUNSTHISTORISCHE SAMMLUNGEN DES ALLERHÖCHSTEN KAISERHAUSES.
WAFFENSAMMLUNG.

1. Feldharnisch des Kurfürsten Johann Friedrich von Sachsen, von c. 1530.
2. Feldharnisch des Grafen Friedrich III. von Fürstenberg, von 1531.

KUNSTHISTORISCHE SAMMLUNGEN DES ALLERHÖCHSTEN KAISERHAUSES.
WAFFENSAMMLUNG

1. Feldharnisch des Landgrafen Philipp des Grossmüthigen von Hessen, von 1534.
2. Prunkharnisch des Freiherrn Wilhelm von Rogendorf, von c. 1522.

KUNSTHISTORISCHE SAMMLUNGEN DES ALLERHÖCHSTEN KAISERHAUSES.
WAFFENSAMMLUNG.

1. Sturmhaube und Brigantine des Francesco Maria, Herzogs von Urbino, von 1532.
2. Landsknechtharnisch des Conrad von Bemelberg, von c. 1532.

KUNSTHISTORISCHE SAMMLUNGEN DES ALLERHÖCHSTEN KAISERHAUSES.
WAFFENSAMMLUNG.

1. Feldharnisch des Königs Philipp II. von Spanien, von c. 1543.
2. Feldharnisch des Königs Maximilian II., von c. 1562.

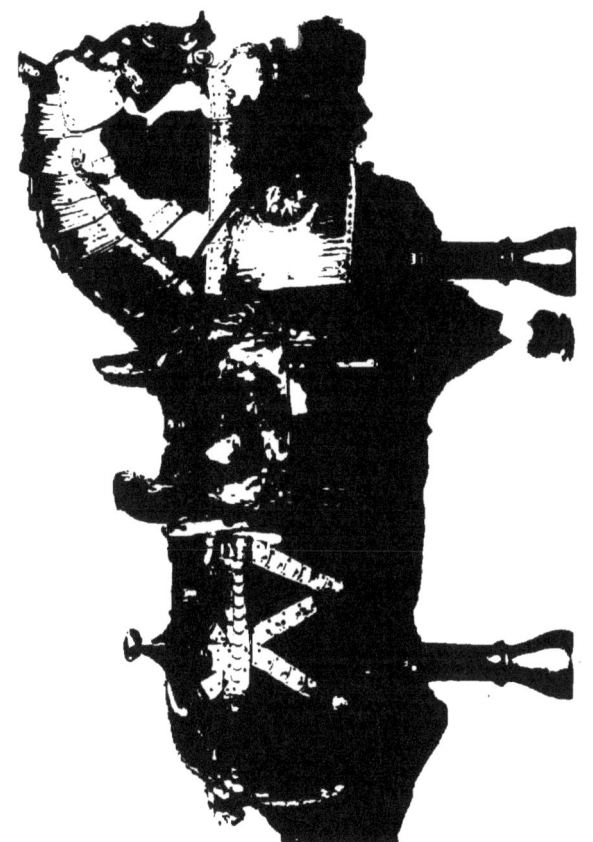

Rossharnisch des Ruprecht Pfalzgrafen bei Rhein, von c. 1502.

XVI

Leichter Rossharnisch des Königs Ferdinand I., von 1547.

XVII

KUNSTHISTORISCHE SAMMLUNGEN DES ALLERHÖCHSTEN KAISERHAUSES.

WAFFENSAMMLUNG.

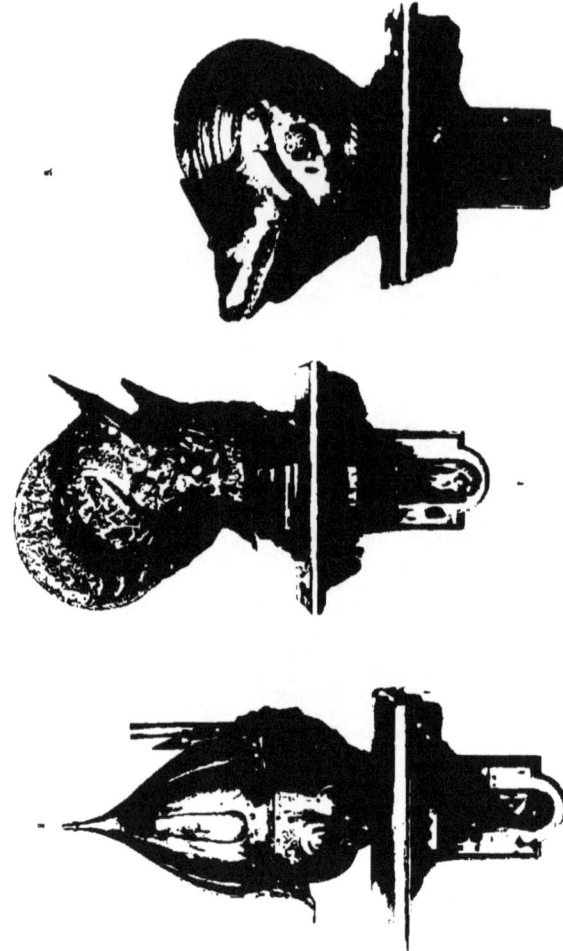

1. Deutsche Sturmhaube, dem Kaiser Carl V. zugeschrieben, von c. 1510. — 2. Ungarische Sturmhaube des Grafen Niclas Zrinyi, Banus von Croatien, von c. 1540. — 3. Burgundischer Helm des Königs Ferdinand I. von c. 1525.

XVIII

KUNSTHISTORISCHE SAMMLUNGEN DES ALLERHÖCHSTEN KAISERHAUSES.
WAFFENSAMMLUNG

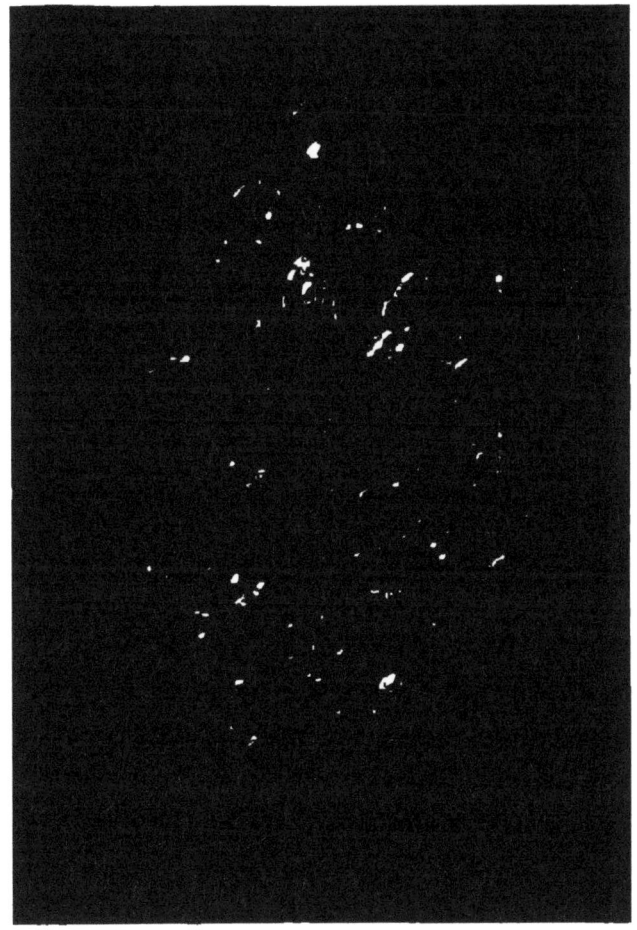

Prunkschild, dem Kaiser Carl V. zugeschrieben, italienisch, um 1550.

KUNSTHISTORISCHE SAMMLUNGEN DES ALLERHÖCHSTEN KAISERHAUSES.
WAFFENSAMMLUNG.

1. Prunkdegen, dem Kaiser Carl V. zugeschrieben, von c. 1550. 1. a. Ortbandbeschläge zu selbem.
2. Degen, von c. 1560. — 3. Courtelas, von c. 1565. 3. a. Scheide zu selbem.

KUNSTHISTORISCHE SAMMLUNGEN DES ALLERHÖCHSTEN KAISERHAUSES.
WAFFENSAMMLUNG.

1. Feldharnisch, von c. 1547.
2. Feldharnisch des Erzherzogs Ferdinand von Tirol, von 1547.

KUNSTHISTORISCHE SAMMLUNGEN DES ALLERHÖCHSTEN KAISERHAUSES.
WAFFENSAMMLUNG

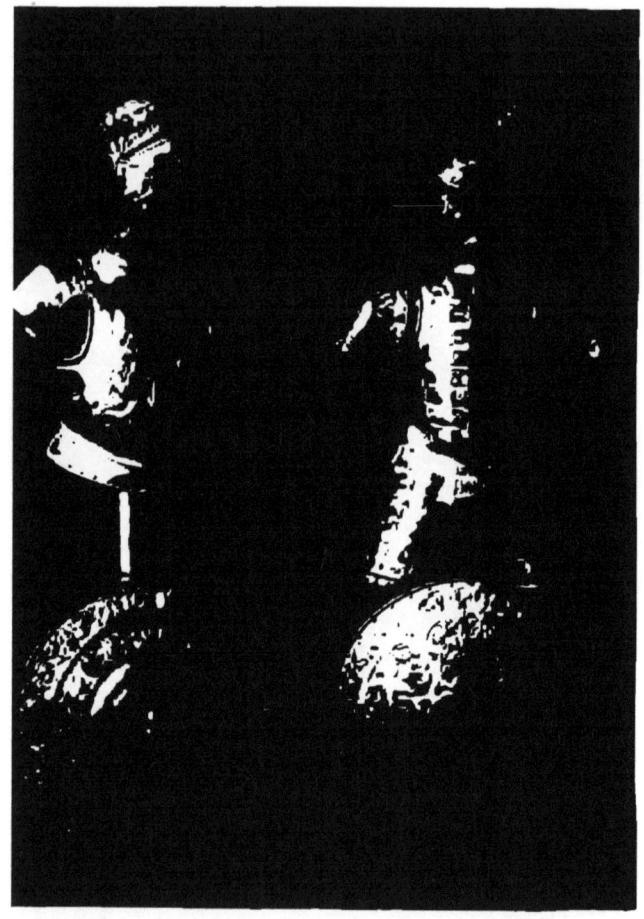

1. Prunkharnisch mit Rundschild des Erzherzogs Ferdinand von Tirol, von c. 1552.
2. Prunkharnisch mit Rundschild des Erzherzogs Ferdinand von Tirol, von 1560.

KUNSTHISTORISCHE SAMMLUNGEN DES ALLERHÖCHSTEN KAISERHAUSES.
WAFFENSAMMLUNG.

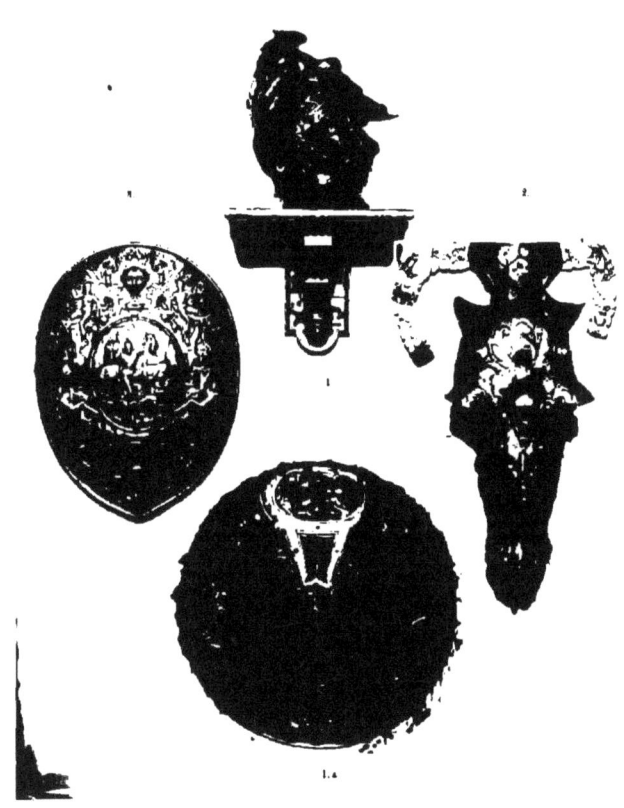

1. und 1,a. Sturmhaube und Rundschild des Erzherzogs Ferdinand von Tirol, von c. 1565.
2. Rossstirne, deutsch, um 1510. — 3. Prunkschild von blankem Eisen, deutsch, um 1560.

KUNSTHISTORISCHE SAMMLUNGEN DES ALLERHÖCHSTEN KAISERHAUSES.
WAFFENSAMMLUNG

1., 2. und 2. a. Degen und Schwert sammt Scheide und Gehänge des Erzherzogs Ferdinand von Tirol, von 1560.
3. Degen, von c. 1570. — 4. und 4. a. Schwert und Dolch mit Mailändischen Klingen, um 1570.

KUNSTHISTORISCHE SAMMLUNGEN DES ALLERHÖCHSTEN KAISERHAUSES.
WAFFENSAMMLUNG.

1. Turnierharnisch, dem Erzherzoge Ernst zugeschrieben, von 1571.
2. Turnierharnisch, dem Kaiser Maximilian II. zugeschrieben, von c. 1570.

KUNSTHISTORISCHE SAMMLUNGEN DES ALLERHÖCHSTEN KAISERHAUSES
WAFFENSAMMLUNG

1. Sturmhaube und Rundschild des Erzherzogs Carl von Steiermark, italienisch, von c. 1575
2. Sturmhaube und Rundschild, von c. 1560

KUNSTHISTORISCHE SAMMLUNGEN DES ALLERHÖCHSTEN KAISERHAUSES
WAFFENSAMMLUNG.

1. und 1.a. Geweihtes Schwert mit Scheide und Gehänge des Papstes Pius V. vom 1568.
2. und 2.a. Geweihtes Schwert mit Scheide und Gehänge des Papstes Gregor XIII. vom 1582.

KUNSTHISTORISCHE SAMMLUNGEN DES ALLERHÖCHSTEN KAISERHAUSES.
WAFFENSAMMLUNG

1. Ungarisches Schwert des Georg von Thurl, von c. 1560. — 2. Prunkdegen, von c. 1590.
3. Spanischer Degen, von c. 1600. — 4. Deutsches Rappier, von 1613.

KUNSTHISTORISCHE SAMMLUNGEN DES ALLERHÖCHSTEN KAISERHAUSES.
WAFFENSAMMLUNG.

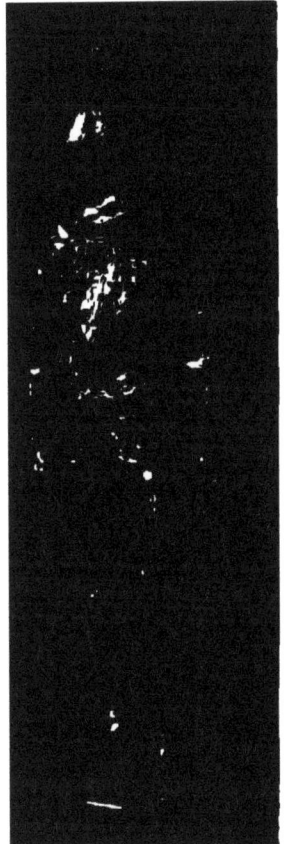

Vorder- und Rückseite eines Prunkharnisches des Alessandro Farnese, Herzog von Parma, von c. 1570.

KUNSTHISTORISCHE SAMMLUNGEN DES ALLERHÖCHSTEN KAISERHAUSES.
WAFFENSAMMLUNG.

1. Prunkdegen und Gehänge des Don Juan d'Austria, von c. 1570.
2. Degen, von c. 1580. — 3. Rappier, von c. 1620. — 4. Degen, von c. 1630.

KUNSTHISTORISCHE SAMMLUNGEN DES ALLERHÖCHSTEN KAISERHAUSES
WAFFENSAMMLUNG.

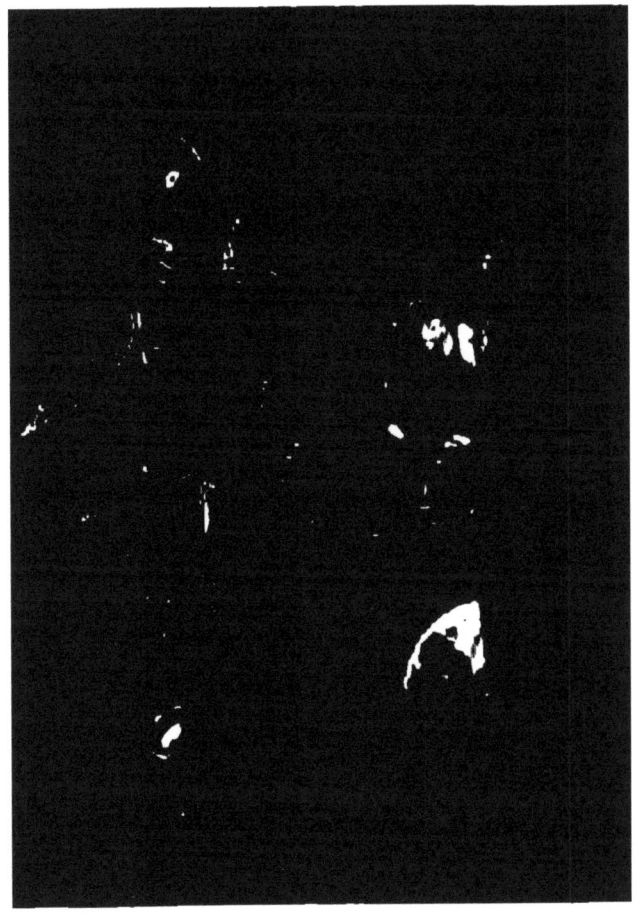

1. Prunkharnisch des venetianischen Unteradmirals Agostino Barbarigo, von c. 1560.
2. Prunkharnisch des Don Juan d'Austria, von c. 1575.

XXXI.

KUNSTHISTORISCHE SAMMLUNGEN DES ALLERHÖCHSTEN KAISERHAUSES.
WAFFENSAMMLUNG

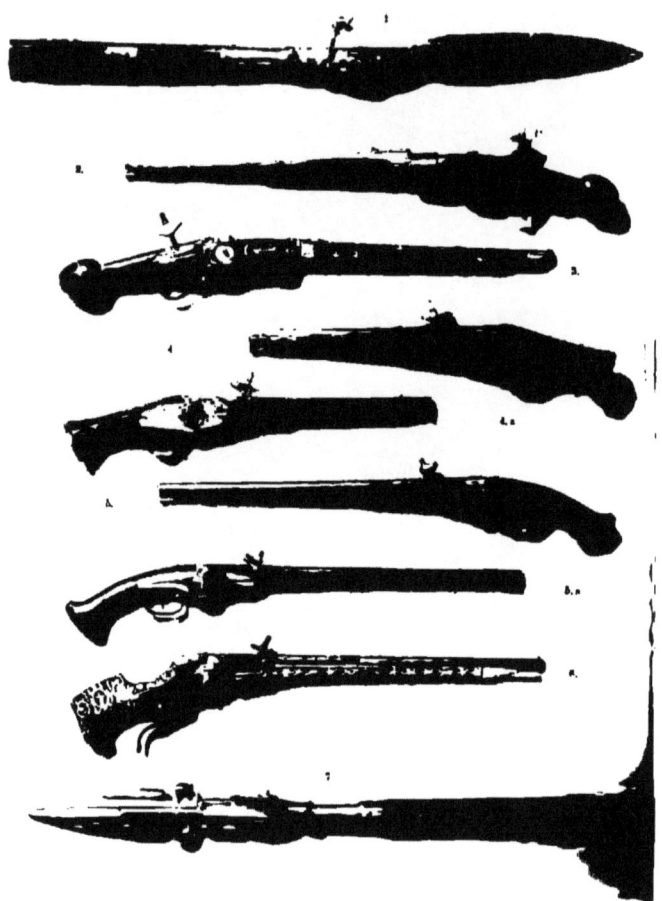

1. Spiess mit Schiessvorrichtung und Springfeder, Augsburger Arbeit, um 1570. 2. Faustrohr mit Hinterlade-Mechanismus, um c. 1590. 3. Faustrohr mit Hinterlade-Mechanismus, um c. 1592. 4. und 4.a. Ein Paar Faustrohre, Brescianer Arbeit, um c. 1590. 5. und 5.a. Ein Paar Faustrohre mit Radschloss, um 1595. 6. Vorderrohr, niederländisch, um 1590. 7. Hatsche mit Schiessvorrichtung, deutsch, um 1570.

KUNSTHISTORISCHE SAMMLUNGEN DES ALLERHÖCHSTEN KAISERHAUSES.
WAFFENSAMMLUNG

Ton Harnisch des Kaiser Rudolf II. von c. 1500.

KUNSTHISTORISCHE SAMMLUNGEN DES ALLERHÖCHSTEN KAISERHAUSES.
WAFFENSAMMLUNG

1. Prunkharnisch, deutsch, 1562.
2. Turnierharnisch des Erzherzogs Albrecht VII., um 1580.

KUNSTHISTORISCHE SAMMLUNGEN DES ALLERHÖCHSTEN KAISERHAUSES.
WAFFENSAMMLUNG.

1. Harnisch des Kaisers Rudolf II., deutsch, um 1570
2. Prunkharnisch des Niclas von Radzivil, Herzogs von Olyka, um 1575.

KUNSTHISTORISCHE SAMMLUNGEN DES ALLERHÖCHSTEN KAISERHAUSES.
WAFFENSAMMLUNG

1. Raufdegen. — 1, a. Parirdolch, beide Brescianer Arbeit, um 1590. — 2. Italienisches Rappier, um 1630. — 3. Dolch mit Scheide, italienisch, um 1610. — 4 und 5. Zwei Schwertgriffe mit zugehörigen Ortbändern, deutsch, um 1610. — 6. Kleine Reiterflinte, schweizerisch, 1652. — 7. Kleine Reiterflinte, Brescianer Arbeit, um 1660.

KUNSTHISTORISCHE SAMMLUNGEN DES ALLERHÖCHSTEN KAISERHAUSES
WAFFENSAMMLUNG

1. Prunkharnisch, dem Kaiser Mathias zugeschrieben, deutsch, um 1590.
2. Trabantenharnisch, Nürnberger Arbeit, 1616.

KUNSTHISTORISCHE SAMMLUNGEN DES ALLERHÖCHSTEN KAISERHAUSES.
WAFFENSAMMLUNG.

1. und 1, a. Tributschwert der Stadt Hradisch, von 1608. — 2. Prunkdegen, um 1650. — 3. Degen des Erzherzogs Leopold V. von Tirol, um 1630. — 4. Degen, um 1650. — 5. Kleiner Stecher, um 1650. — 6. Kleiner Hofdegen, deutsch, 1661. — 7. Kleiner Hofdegen, französisch, 1649.

KUNSTHISTORISCHE SAMMLUNGEN DES ALLERHÖCHSTEN KAISERHAUSES.
WAFFENSAMMLUNG.

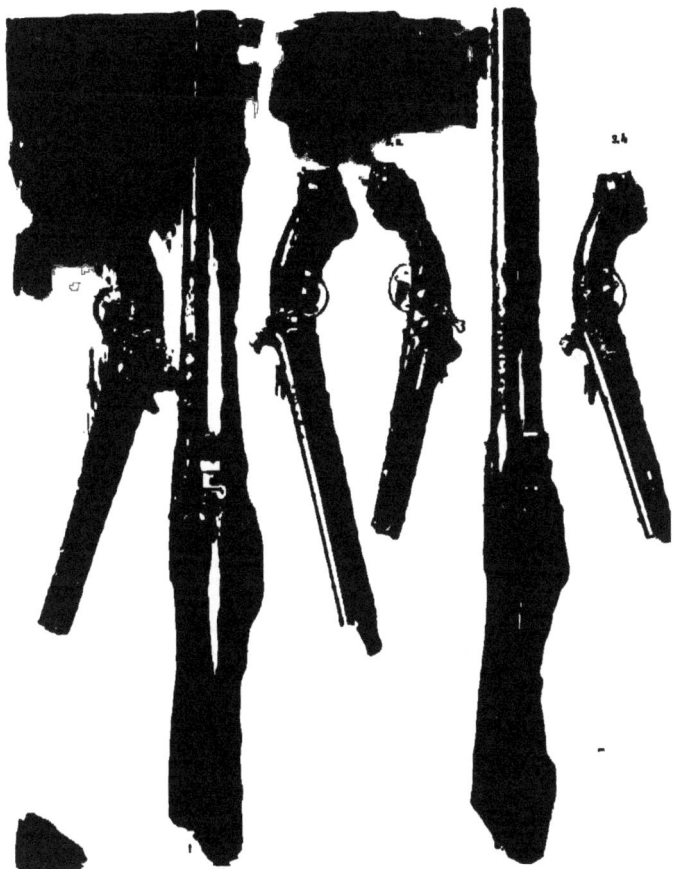

1, 1, a und 1, b. Jagdflinte und Pistolen des Herzogs Carl Leopold V. von Lothringen, um 1670.
2, 2, a und 2, b. Jagdflinte und Pistolen des Markgrafen Ludwig Wilhelm I. von Baden, um 1700.

XXXIX.

KUNSTHISTORISCHE SAMMLUNGEN DES ALLERHÖCHSTEN KAISERHAUSES.
WAFFENSAMMLUNG

1 und 1, a. Jagdarmrust des Königs Ludwig XII. von Frankreich, sammt Winde, um 1499. — 2. Jagdarmrust des Kaisers Maximilian I., um 1510. — 3 und 3, a. Pürschstahel des römischen Königs Maximilian II. sammt Winde, um 1560. — 4 und 4, a. Waidblatt mit Jagdmessern und Gabel von einem Jagdbesteck, deutsch, um 1640. — 5. Säule einer Armrust, um 1350.

KUNSTHISTORISCHE SAMMLUNGEN DES ALLERHÖCHSTEN KAISERHAUSES.
WAPPENSAMMLUNG.

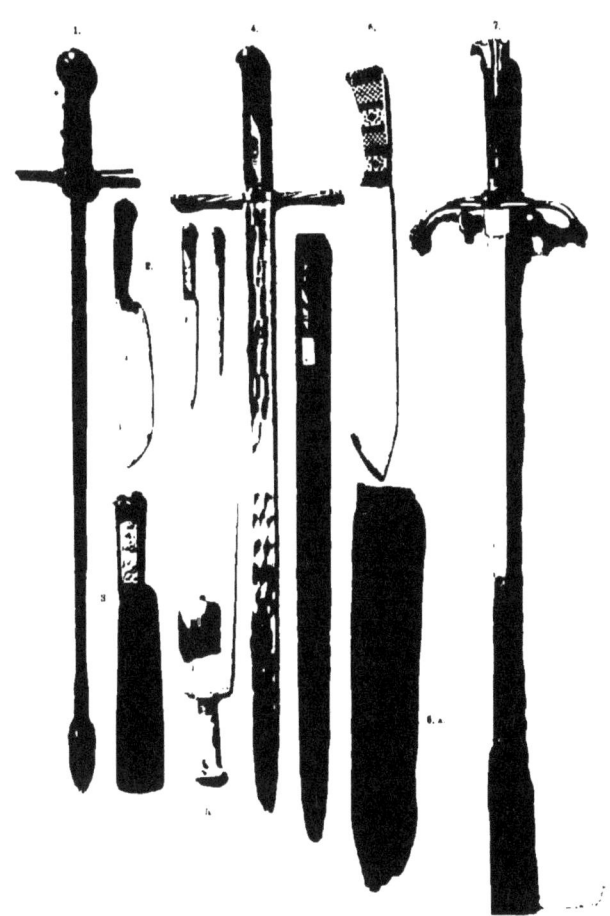

1. Schweinsfeder, um 1500. — 2. Waidmesser des Herzogs Carl des Kühnen, um 1450. — 3. Waidblatt, französisch um 1480. — 4 und 4 a. Jagdschwert des Kaisers Maximilian I. sammt Scheide und Besteckmessern, deutsch, um 1495. — 5. Waidblatt, um 1550. — 6 und 6 a. Waidmesser sammt Scheide, deutsch, um 1510. — 7. Schweinsfeder, deutsch, um 1510.

KUNSTHISTORISCHE SAMMLUNGEN DES ALLERHÖCHSTEN KAISERHAUSES.

WAFFENSAMMLUNG.

KUNSTHISTORISCHE SAMMLUNGEN DES ALLERHÖCHSTEN KAISERHAUSES.
WAFFENSAMMLUNG.

KUNSTHISTORISCHE SAMMLUNGEN DES ALLERHÖCHSTEN KAISERHAUSES.
WAPPENSAMMLUNG.

1. Sturmhaube des Grossveziers Mehmed Sokolowitsch, türkisch, um 1560. — 2. Arabischer Rundschild, um 1560. — 3. Türkischer Säbel mit Scheide, um 1680. — 4. Ungarischer Sabel mit Scheide, um 1530. — 5. Ungarischer Säbel mit Scheide, um 1580. — 6. Polnische Karabela mit Scheide, um 1570. — 7. Arabischer Dolch mit Scheide, 16. Jahrhundert. — 8 und 8. a. Dolch mit Scheide, orientalisirend, 16. Jahrhundert. — 9. Kleiner Dolch mit Scheide und türkischer Klinge, 17. Jahrhundert. — 10. Dolch mit Scheide, orientalisirend, 1545.

KUNSTHISTORISCHE SAMMLUNGEN DES ALLERHÖCHSTEN KAISERHAUSES.
WAFFENSAMMLUNG.

1. Harnisch für den deutschen Fusskampf des Claude de Vaudrey, mailändisch, um 14..
2. Harnisch für den deutschen Fusskampf des König. Maximilian II., Augsburger Arbeit, 15..

KUNSTHISTORISCHE SAMMLUNGEN DES ALLERHÖCHSTEN KAISERHAUSES.

WAFFENSAMMLUNG.

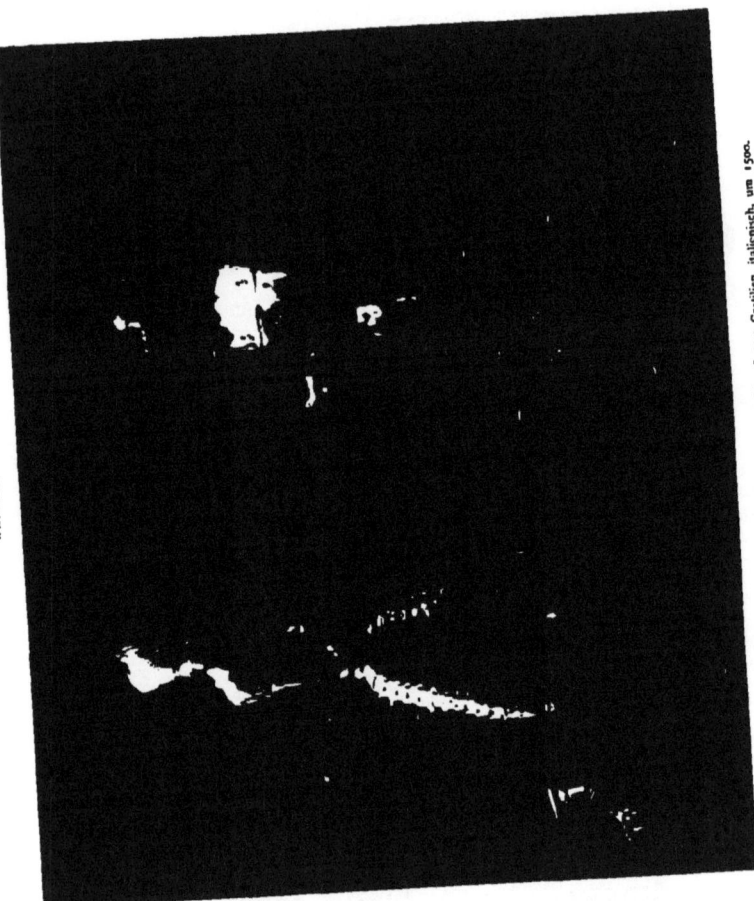

1. Rennzeug mit Rossstirne und Dilgen des Königs Philipp I. von Castilien, italienisch, um 1500.
2. Rennzeug mit Dilgen des Erzherzogs Ferdinand von Tirol, deutsch, 1558.

KUNSTHISTORISCHE SAMMLUNGEN DES ALLERHÖCHSTEN KAISERHAUSES
WAFFENSAMMLUNG

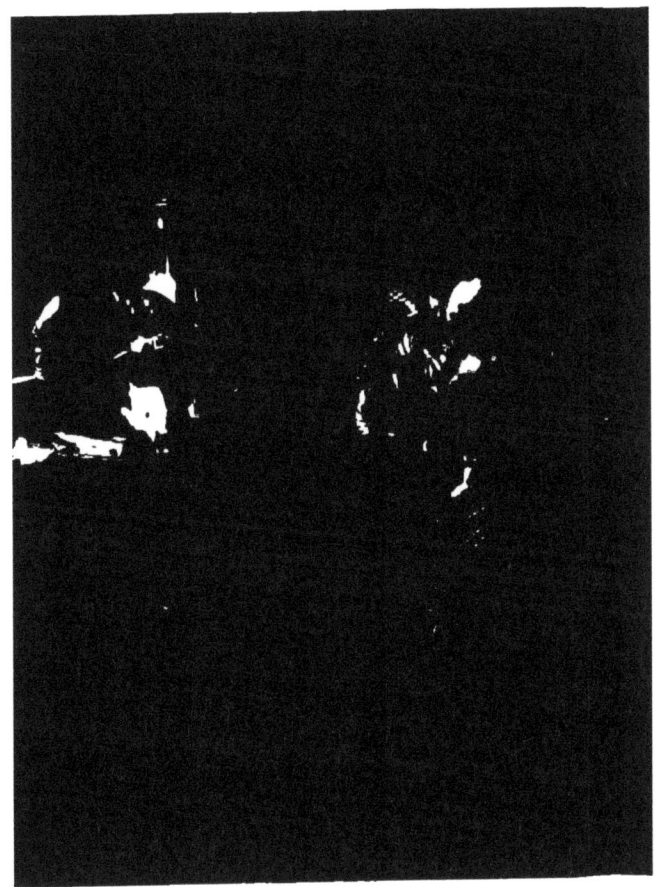

1. Italienischer Stechzeug des Gasparo Fracasso, mailändisch, um 1470.
2. Deutscher Stechzeug, dem Kaiser Maximilian I. zugeschrieben, deutsch, um 1500.

KUNSTHISTORISCHE SAMMLUNGEN DES ALLERHÖCHSTEN KAISERHAUSES.
WAFFENSAMMLUNG.

KUNSTHISTORISCHE SAMMLUNGEN DES ALLERHÖCHSTEN KAISERHAUSES.
WAFFENSAMMLUNG